술술 읽으며 깨쳐 가는
《금강경》

수보리의 물음에 우리에게 답하신 부처의 지혜 이야기

술술 읽으며 깨쳐 가는
《금강경》

감수 · 상진 스님

글 · 하도겸 정호선 이한세 이외련 이승만 유영희 오은정 김은하 김연주

사진 · 하도겸

운주사

오래된 과거

'사라져 가는 과거'가 아닌 '오래된 미래'가 된 이곳에는 쇠락한 요새
형 수도원만 덩그러니 남아 있다. 오래된 과거가 정답이 아닐까?(인
도 라다크 레 틱쉐 곰파)

일러두기

- 중복되는 내용은 말줄임표(......)를 사용하여 생략하였다.

- 번역은 원문에 충실하되 현대어의 흐름을 따랐으며, 경문의 이해를 돕기 위하여 위첨자를 사용하였다. 검은색 작은 글씨는 읽으면서 자연스럽게 경문을 이해할 수 있도록 역자가 덧붙인 것으로 본문과 함께 읽으면 된다. 붉은색 작은 글씨는 단어에 대한 설명으로 다른 책의 각주에 해당한다.

- 금강경을 비롯하여 모든 경전에는 부처와 나이 많은 제자들이 대화를 나누는 내용으로 가득하다. 자비로운 부처께서 제자들을 하대하여 반말을 하셨을 리는 만무하지만, 형식상 부처의 말씀은 평어체로 수보리의 말은 경어체로 번역했다.

- 부처님은 수보리와의 대화에서 세존을 지칭할 때만 '부처님'으로 표기하고 다른 곳에서는 모두 '부처'로 표기하였다.

- 본문의 석굴암 사진은 공공누리 제1유형에 따라 국립문화재연구소 (www.nrich.go.kr), 한석홍의 공공저작물을 이용하였다.

들어가는 글

금강경은 부처와 수보리의 일상 대화이다. 경전의 내용은 늘 부처와 제자간 일상의 대화이고, 믿음에 기반한 감정의 소통으로 지식 너머의 지혜가 오고가는 자리이다.

하지만 오늘 이와 같은 가르침을 듣는 것은 2천여 년 전의 수보리가 아니라 바로 우리이다. 그러므로 이 가르침에 보다 귀 기울여 경청하면서 대화 속에 담긴 지혜의 흐름을 세밀하게 살펴야 한다. 그 흐름이 어디서부터 어디로 어떻게 흐르는지 그 소리를 잘 들어야 한다.

부처께서 금강경을 강의한 목적은 우리 모두를 구제하고 보살로 만들기 위한 것이다. 금강경의 가르침은 우리들을 피안으로 안내하는 가이드북이나 지도와 같다. 수행을 해서 얻은 복덕으로 혼자만 극락에 가서 살 것인지, 아니면 고단하겠지만 그래도 가슴속에 보람이라는 울림이 있는 보살이 되는 길을 택할 것인지 우리의 선택만이 남아 있다.

모든 번역은 당시의 시대성을 설명해야 하는 난제를 안고 있다. 경전 번역은 인고의 감내가 필요한 작업으로 수행의 성취가 반영된다고 믿어지고 있다. 실제로 부처의 안목까지 바라지 않지만, 제자의 안목은 가지고 당시의 시대성까지 잘 설명하지 않

7

으면 번역은 더 딱딱하고 진부해 보일 수 있다.

금강경은 불교 책자 중 베스트셀러 가운데 하나일 뿐만 아니라 전 세계인의 스테디셀러다. 불교신자는 물론 참선이나 명상에 관심 있는 이는 금강경 번역본을 한 번쯤 읽고 암송이나 필사도 했을 것이다.

한자와 달리, 우리말 한글에는 과거, 현재, 미래의 시제는 물론이고 인간 사이의 존경과 관계에 따른 미세한 차이를 잘 나타낼 수 있는 장점이 많다. 이렇게 생동감 있는 우리말에는 당대라는 시간, 부처의 의지, 부드러운 말씀의 아름다움을 포함하여 뉘앙스까지 살릴 수 있는 힘이 있다. 이를 담아낸다면 다소 지나치게 위엄이 강조된 금강경의 한자 원본이 우리말로 살아나서 기쁘게 허공을 날며 우리에게 울림을 선물하게 될 것이다.

말이나 영상이 아닌 글은 그 당시 실제의 상황을 생생하게 전달하는 데 한계를 가지고 있다. 금강경 번역을 하되, 지금 법회(會上)에 참석해서 듣고 있는 것처럼 생생하게 느낄 수 있도록 가르침을 전달하는 것은 모든 번역자의 꿈일 것이다

사경과 독송 그리고 3,000배 등의 절수행까지 하게 만드는 금강경의 매력은 한번 빠지면 나오기 힘든 미로같이 출구를 찾기가 매우 너무 어려워 보인다. 아무 데도 머물지 말라는 가르침이 핵심인 금강경을 수행하는 사람들이 머무는 곳은 어디일까?

공이나 수행의 성취 등의 목적, 아니 상을 가지고 금강경을 찾은 이들에게 금강경은 애초부터 출구가 보이지 않는 미로일 따름

이다. 금강경은 흥미로운 화두로 가득 채워진 경전이지만, 집착을 똘똘 뭉쳐서 만들어진 미로는 아니다.

부처가 설법을 하신 그 날에는 참석한 1,200비구 모두가 다 알아들을 수 있도록 말씀하셨을 것이다. 그런데 왜 우리는 수차례 받아 쓰여지고 다시 번역되어 온 금강경 한 글자 한 글자에 머물러 맴돌며, 쉽게 다음으로 넘어가지 못하는 것일까?

원래 부처는 구어로 대화하듯이 금강경을 말씀하셨을 것이다. 후대에 와서 한문을 비롯한 번역 과정을 여러 번 겪으면서 문자로 고착화되다 보니 현재처럼 다소 어렵게 느껴지게 되었는지도 모른다. 따라서 금강경 문구 하나하나에 너무 매달리기보다 내용을 잘 이해하여 누구든 쉽게 읽을 수 있게 번역하는 것이 부처의 참뜻을 더욱 잘 전달하는 것이 된다.

들어간 적도 없는데 나갈 데를 왜 찾는가?

제대로 번역된 금강경은 몇 번 읽기만 해도 불교의 깨달음인 공空을 얻게 해주는 최고의 가르침이 될 수 있다. 적어도 그런 목표를 가지고 번역에 임했지만 마치고 나니 부족함과 아쉬움만 남는다. 그렇다고 시도조차 안 한다면, 공空에 너무 집착한 나머지 금강경 문구에만 마음이 머물러 금강경의 미로에 갇힌 우리 모두에게 마음조차 내지 못하는 것이 된다.

금강경의 바른 독서법은 어디에도 마음을 두지 않고 무상무념으로 읽어 나가면서 자연스럽게 그 뜻을 깨우치는 데 있다. 금강경을 읽기도 전에, 이 경을 읽고 나서 마치 무슨 대단한 것을 깨우치거나 자기의 자랑거리로 삼을 요량이라면 이미 공에 사로잡힌 것이 된다. 금강경에 있듯이 어디에도 걸림이 없는, 즉 상이 없는 그런 독서법을 가져야만 이 책을 읽는 데서부터 금강경의 참 공부가 시작될 수 있다. 물론 가르침이나 깨달음에만 안주하지 않고 늘 보시를 하려는 마음을 가지고 바로 행해야 한다.

공부 잘하는 학생이 질문도 잘한다.

공부도 그렇지만 논쟁도 제일 잘하는 수보리가 모두를 대표해서 나섰나 보다. 누구도 이해 못하는 그 어려운 '공'에 대해 세존께 질문도 척척 잘해 나가는 것을 보면 정말 다 알고 물어보는 것이 아닌가도 싶다.

이와 같이, 금강경은 수보리가 묻고 부처가 답변하는 형식으로 이루어져 있다. 그 모습은 수업시간에 제일 똑똑한 학생이 다른 학생들을 대신하여 질문하면 선생님이 답변하는 것과 흡사하다. 그런데 질문과 답이 하나의 앙상블처럼 조화롭다. 부처는 수보리의 어렵거나 어리석은 질문도 제자들을 위해 쉽게 풀어서 지혜롭게 답변한다. 부처가 자신을 낮춘 자비함이 있었기에 가능한 일이다. 답변의 부가설명에도 부처의 자비함과 보시하고자 하는 친절함이 배어 있다.

부처의 자비함은 단순히 답변뿐만 아니라 수보리의 부족한 질문을 보충해 주는 것에서도 발견된다. 수보리가 질문이 없거나 답이 부족할 때 부처는 '부차復次', 즉 "또한"이라고 운을 떼면서 더 설명을 하거나 추가로 질문까지 하곤 한다. 이것은 '무문자설

無問自說'이라고 해서 '세존께서 자진해서 말씀해 주신다'는 뜻으로, 부처의 자상함을 거듭 확인할 수 있다.

말법시대에 태어난 우리는 부처를 직접 만날 수는 없지만 부처의 가르침은 도처에서, 아니 일상에서 만날 수 있는 행운을 타고 태어났다. 이 책 역시 독자로 하여금 금강경의 가르침, 아니 부처의 법회에 직접 참여한 것 같은 느낌을 줄 수 있었으면 하고 간절하게 희망한다. 당장은 아니더라도 언젠가는 그 꿈이 이뤄지기를 기원하며 전법, 즉 가르침을 전하는 법보시를 하기 위해 용기를 내어 첫발을 내딛었다.

금강경은 다양한 언어로 번역되어 왔으며 우리나라에서도 수없이 번역되어 왔다. 그 가운데는 주석과 함께 긴 부연설명이 곁들여진 훌륭한 번역서가 적지 않다. 그러나 안타깝게도 이러한 부연설명이 독자가 스스로 이해하며 깨우치는 길에 걸림돌이 되는 경우도 있다. 어려운 금강경을 이해하려고 번역서를 보는데 더 어려운 이야기가 된 셈이다.

그렇다고 금강경 원문만 있다면 한자나 불교를 모르는 독자들에게는 접근하기도 너무 어려운 경전일 것이다. 따라서 쉽고 재미있게 읽힐 수 있는 우리말 금강경으로 번역하고자 했다. 그렇게 함으로써 세기말 같은 불교의 말법시대에 더 많은 사람들이 부처의 말씀을 좀 더 쉽게 접하고 순수한 신심을 낼 수 있을 거라고 믿기 때문이다.

지유명차 성북점을 공유하는 나마스떼코리아 찻집에 모여 금강경을 함께 공부한 도반들이 대부분 공저자가 되었다. 불교신자가 아닌 도반들의 활약이 컸는데, 그들이 이해가 될 때까지 내가 쓴 초안의 번역 내용을 읽고 함께 수정작업에 참여해 주었기 때문이다. 이 금강경 책자는 이제 혼자만의 고집스러운 번역집이 아니라 독자로서 참여한, 불교를 비롯하여 이웃종교를 믿는 도반들의 따뜻한 손길로 보편성과 객관성이 더해졌다.

그런 까닭에 도반들의 이름을 공동저자로 올렸으며 충분히 그러한 자격을 갖춘 분들이다. 다만 편의를 위해 공동저자들의 허락을 받아, 저작권 등은 대표저자인 본인 혼자가 갖고, 그 받은 권한으로 늘 그러했듯이 인세는 전액 NGO에 기부된다.

모두의 선한 인연으로 생기는 복덕을 코로나 19로 고생하는 무연중생들과 나누고 싶다. 아울러, 이 책이 나오기까지 도와주고 동참한 고마운 분들은 별도로 공덕주 명단을 만들어 그 이름을 남겼다. 혹시 빠져 있다면 빈칸에 이름이 새겨져 있을 뿐 그 고마움은 사라진 것이 아니라고 봐주시기 바란다. 늘 그렇듯이 선한 모든 인연에 감사할 따름이다.

수보리가 묻자 우리에게 답하신 부처의 지혜 이야기! 어려운 내용을 쉽게 풀어간 금강경 이야기를 이제 시작해보자.

2021년 정축 1월 20일 성도재일 지유명차 성북점에서

시맥施陌 하도겸河度慊 화남和南

힌두보살

탑 한 쪽에 부조된 보살들의 미소가 왠지 힌두교스럽다. 불자보다
훨씬 더 많은 힌두교도들이 공양을 드려서 그런가 보다.(네팔 카트만
두 보다나트^{UNESCO 세계문화유산})

감수의 글

금강경 사구게四句偈만을 설법하여도 그 공덕이 무량무변하다는 것은 불자라면 누구나 아는 사실일 것입니다. 부처님의 가르침을 구하고자 하는 불자들을 위해 금강경의 원문을 역경해 준 하도겸 시맥 전법사와, 함께 번역에 동참하신 나마스떼코리아 회원들의 큰 원력을 격려하지 않을 수 없을 것 같습니다.

본디 이 경의 감수監修는 강맥을 이은 대강백大講伯 스님께서 해야 마땅합니다. 그러나 시맥 법사 등과 사제지간이 된 인연이 소중한 까닭에 소납이 맡게 되었습니다. 감수의 책임이 무겁지 않을 수 없기에 최종 원고를 받아 최선을 다해 여러 날을 두고 역경자들의 정성스런 노력을 살펴보게 되었습니다.

이 책은 금강경을 접하는 독자분들께 정말 어렵거나 지루하지 않은 해석본이라고 할 수 있습니다. 번역을 넘어 새로운 집필에 가까운 친절한 그 원력에 감동받지 않을 수 없었습니다. 이와 같이 부처의 가르침을 잘 편찬하여 유통하기까지 고생한 하도겸 전법사 외 함께 동참해주신 여러 분들과, 책이 나오기까지 도와주신 관계자분들의 노고에 깊은 감사의 마음을 드리고자 합니다. 아울러, 이 책을 접하게 될 독자분들, 특히 불자님들께 수승한 금강경의 공덕으로 맑고 밝고 향기로운 미래가 약속될 것을 두 손

모아 합장하며 염원합니다.

끝으로 금강경 사구게 중에서 평소에 소납이 화두로 삼는 게송을 소개하는 것으로 맺음말에 갈음하고자 합니다.

若以色見我약이색견아 以音聲求我이음성구아

是人行邪道시인행사도 不能見如來불능견여래

만약에 색으로서 나를 보거나 음성으로서 나를 구하면,

이는 사도를 행하는 사람이라. 능히 여래를 보지 못하리라.

불기 2565년 삼동결제중三冬結制中

개명산開明山 청련사靑蓮寺 상진常眞 합장合掌

◉ 수봉당 상진 종사는 선암사에서 출가하여 태고사에서 서철화 스님을 은사로, 안덕암 스님을 계사로 득도하였다. 한국불교태고종 총무원 문화부장·교무부장, 중앙종회의원 등을 역임하였다. 현재 (재)천년고찰청련사 이사장, (사)생전예수생칠재(범음범패)보존회 회장, 동방불교대학 학장으로 활동하고 있다.

딱빠3남매

마을에서 가장 불우하다는 빠진 딱빠3남매를 도우러 찾아간 자원봉
사대원들에게 보내는 순박한 행복의 미소가 선물처럼 다가온다.(네
팔 안나푸르나보호지구ACAP 담푸스)

추천사

문지수라는 필명으로 우리 「한국불교」에 연재된 금강경은 인터넷판에 게재되자마자 접속량이 갑자기 크게 늘어난다. 그만큼 하도겸 박사에게는 고정 독자가 많다는 뜻이다. 현대적 문체로 쉽게 해설해 이해하기 쉽고, 수보리존자와 부처님의 대화가 수시로 이루어졌던 영산회상의 현장감을 그대로 재현하는 생생함이야말로 독자들에게 인기를 끄는 이유라고 본다. 금강경의 심오한 이치를 아주 쉽게 전달해주는 이 책의 일독을 권한다.
(김종만, 한국불교태고종 한국불교신문 편집국장)

고희가 지난 2014년과 2015년 NGO 나마스떼코리아의 회원들과 열흘 동안 네팔의 산골오지마을에서 봉사활동을 했다. 봉사자들이 잘못은 자기 탓으로 돌리고, 싫은 소리를 들어도 섭섭하게 생각지 않고, 바로 고쳐나가며 서로 돕고 양보하는 태도를 보고 내 눈을 의심했다. 바로 이런 젊은 세대가 있어 우리나라의 앞날이 결코 어둡지 않고 밝을 거라는 확신을 가졌다. 금강경을 펼치면 슬슬 길 없는 길로 걸림이 없이 들어가는 느낌이 든다. 늘 보살행을 실천하는 하도겸 대표를 비롯한 믿음직한 젊은이들이 이런 금강경을 새로 번역하였기에 더욱 기대되는 이유이다.

(김종화, 한국불교연구원 제4대 이사장·의학박사)

하도겸 박사는 물 흐르는 듯한 이 해설서에서 금강경이 단지 이차원 종이에 쓴 딱딱한 문자가 아니라 삼차원 홀로그램을 이용해, 우리로 하여금 마치 세존께서 기원정사에 운집한 제자들 앞에서 문답을 하고 계신 장면을 생생하게 목격하고 있는 듯한 착각을 불러일으키게 한다. 금강경에 담긴 '공空'의 이치를 머리가 아닌 온몸으로 체득하고 함께 더불어 멋진 인생여정을 걸어갈 것을 일깨우고 있다.

(박영재, 선도회 지도법사·서강대 교수)

우리 불자들은 중도와 원융회통의 정신으로 코로나 극복이라는 시대적 과제를 함께 풀어나가야 한다. 지금까지와는 다른 새로운 탈출구를 찾고 지속 가능한 성장을 할 수 있는 길을 열어야 하는 소명과 역할이 있다. 늘 바쁘게 다방면에서 봉사활동을 하면서도 공과 중도의 나침반이라고 할 수 있는 『금강경』에 대한 새로운 해석을 제시하는 고려대 불자교우회 하도겸 교우의 거사행이 참으로 고맙다.

(홍승기, 동국대 명예교수·BBS 불교방송 전 사장)

대불련 총동문회의 대외협력본부장인 하도겸 도반이 수보리의
물음에 답하신 부처님의 지혜 이야기인 금강경을 이 시대를 살
아가는 우리가 쉽게 이해할 수 있도록 풀어낸 책이 세상에 나왔
다. 불자는 물론 일반인들에게 부처님의 '사자후'를 전하는 일은
아뇩다라삼먁삼보리심을 낸 법사들의 원력 발원으로, 상구보리
하화중생을 지향하는 '대불련인大佛聯人'이어서 더욱 반갑고 기
쁘다.

(홍경희, 한국대학생불교연합회 총동문회 회장·(사)대불련 이사장)

어떤 중독衆讀

한 사찰 입구에서 마치 시험을 앞둔 학생처럼 한 라마승이 기둥벽에
기대어 앉아 열심히 책을 보고 있다. 금강경일까?(부탄 팀부)

금강경 독법

수보리의 물음에 보리행으로 우리에게 답하신 부처의 지혜 이야 기가 금강경이다. 금강경에서 공이 아닌 보리심과 보리행을 찾 아야 하는 이유가 바로 여기에 있다.

- 금강경은 수지독송도 중요하지만 상을 내지 않도록 하는 것이 더 중요하다. 그 위에 보살심과 보살행이 미분리된 보시행, 즉 무주상보시가 그 요체이다. 이것만은 늘 염두에 두고 금강경 을 읽어야 한다.
- 흐르는 물 따라 양 기슭에 닿지 않고 깨달음의 바다로 가는 뗏 목의 사공이 되는 중도의 길을 걸으며 견성하는 것이 상구보 리上求菩提라면, 하화중생下化衆生은 깨달음을 유지하는 지행 합일知行合一의 실천궁행實踐躬行이라고 할 수 있다. 따라서 중 생구제라는 보리행만이 '우리 모두가 부처'가 되는 길이 된다. 소승의 성문사과聲聞四果 현인을 넘기 위해서 출구 없는 '공'의 늪에 빠져 허우적거리지 말고 어서 벗어나와 보리심과 보리행 을 행하는 대승의 보살성인이 되어야 한다.
- 모든 것은 물의 흐름과 같아서 흐르지 않고 고이면 집착이 되 어 썩을 따름이다. 따라서 보리를 얻었다고 해서 끝난 것이 아

니라 늘 중생과 함께 하는 그런 보시, 즉 중생교화로 나아가야
한다.

• 인도 마갈타국의 기타태자祇陀太子 소유의 동산을 급고득, 즉
수달장자須達長者가 세존에게 보시한 데서 비롯된 기원정사僧
園의 설화는 참으로 신심이 난다. 사위성 남문 밖의 사헤트 숲
을 덮을 정도의 금을 깔고서 받았다는 이 정사는 마가다국에서
빈비사라의 보호를 받은 죽림정사와 함께 2대 정사이다. 세존
의 설법 대부분이 바로 이 기원정사에서 행해졌다고 해도 과언
은 아니다. 넓은 기원정사에 거룩하고 희유한 가르침을 듣고자
모든 부처와 보살들, 나아가 아수라, 천인들까지 모습을 나타
냈다. 이 법회에서 부처의 말씀은 어떻게 모두에게 전달되었을
까? 마이크나 스피커가 없던 시절에 세존께서는 끊임없이 육
성의 사자후를 쓰신 걸까? 1970년 전성기를 구가했던 주빈메
타는 플라시도 도밍고 등과 주세페 베르디 오페라 공연 「일 트
로바토레」 음유시인을 지휘한다. 이 가운데 나오는 집시의 합
창, 이른바 '대장간의 합창'에 나오는 우렁찬 노랫소리를 들어
봤는가! 이와 같이, 청중들이 제대로 다 듣기 위해서 모두 부처
의 한 문장씩을 듣고 또 말하면서 함께 합창한 것은 아닐까? 모
두 성취해서 신통력으로 이심전심했다고 해도 믿을 수 있지만,
현실적으로 노래로 합창해서 서로들에게 한마음으로 전한 것
이 더 나은 방법이 아니었을까? 불경 가운데 시나 노래와 같은
사구게 운문체가 많은 것도 그런 영향이었을 것이다. 화정박물

관 소장 티베트 탕카불화 가운데 라마최빠 촉싱Tshog shing은 법맥의 스승과 본존들의 모임을 나무 모양으로 형상화한 집회수集會樹 불화이다. 이 탕카처럼 부처를 중심으로 전후좌우상하로 꽉 채운 수많은 대중들 사이로 부처의 사자후가 울리고 모두가 합창하며 암송하는 가운데 이 세상에서 딱 한 번만의 정말 희유한 법회가 이제 막이 열린다. 이런 울림을 느끼며 당시의 법회에 직접 참가하는 것처럼 금강경을 읽어가는 것이 바른 독법일 것 같다.

손에 핀 불꽃

문수보살의 전설이 담긴 탑의 주변을 도는 어린 라마의 손에는 염원
이 담겨 있다.(네팔 카트만두 스와얌부타트^{UNESCO} 세계문화유산)

금강경 사전

한글로 번역하면 길게 늘어져서 오히려 술술 읽는 데 방해가 되는, 자주 등장하는 몇몇 용어는 굳이 번역하지 않고 한자 원문 그대로 썼다. 이런 단어들의 뜻은 다음과 같다.

방편方便: 중생을 구제하기 위하여 중생들이 모르게 그 근기에 맞게 쓰는 수단과 방법을 말한다. 임신방편이나 편의상과는 조금 차이가 있어서 '방편으로'라는 표현으로 번역했다.

보시布施: 자비의 마음으로 아무런 조건 없이 널리 베풀어 주는 행위로서의 ①보시바라밀을 뜻한다. 나눔과 도움의 뜻으로, 특히 무주상보시無住相布施는 아무런 자취도 없는 바른 보시를 말한다. 이 세상의 온갖 고통과 번뇌 등을 참고 성내지 않는 ②인욕忍辱바라밀을 비롯하여 계율을 잘 지켜 악을 막고 선을 행하는 ③지계持戒, 성실하게 노력해 나가는 ④정진精進, 마음을 고요하게 가다듬어 자신을 돌아보는 ⑤선정禪定과 함께 공空을 이해해서 얻는 ⑥반야般若, 즉 지혜智慧의 육바라밀六波羅密이 있다.

사구게四句偈: 산스크리트어로 된 시詩 형식으로, 8음절이 1구句로 되어 있다. 따라서 사구게는 32음절로 된 노래를 말한다. 금강경의 사구게는 세존의 진리를 함축, 요약하고 있다.

장엄莊嚴: 좋고 아름다운 것으로 꾸미거나, 향이나 꽃 등으로 불단 등을 장식하는 것을 말한다.

32상80종호三十二相八十種好: 팔다리와 손, 발을 포함한 신체가 바르고 곧다는 32상과 이를 좀 더 세분하거나 새로운 것들을 추가한 80종호는, 인도에서 위대한 사람이 갖춘 이상적인 모습의 특징을 말한다. 진리로 이 세상을 다스리는 정치적 수장인 전륜성왕轉輪聖王과 부처의 모습이다.

삼천대천세계三千大千世界: 불교의 세계관에서는 이 세상에는 사대주가 있고 사대주를 중심으로 여덟 개의 향수해가 있으며, 각 향수해에 일곱 겹의 칠금산이 둘러져 있다. 칠금산 밖으로 한 개의 대철위산이 해와 달보다 높이 솟아 해와 달이 비치지 못하므로 흑암지옥을 형성하며 이 한가운데에 거대한 수미산이 있다. 이 위에는 여섯 욕계천인 사천왕천四天王天·도리천忉利天·도솔천兜率天·야마천夜摩天·화락천化樂天·타화자재천他化自在天이 있고, 이 위에 다시 색계4천과 무색계천이 있다. 이와 같이 한 세계를 구성하는 사천하가 1,000개 모인 것이 소천세계이고, 이 소천세계가 다시 1,000개 모인 것이 중천세계이며, 중천세계가 1,000개 모인 것이 대천세계로 모두 3중의 대천세계를 이루기 때문에 삼천대천세계라 한다.

상相: 차별을 드러내거나 흔적을 남기려는 생각, 의식의 대상에 대한 고정 관념으로 "그래도 내가 누군데" 등 나라는 것의 실상이 있다는 관념인 아상, "나도 사람인데 말야" 등 축생이나 귀신이 아니고 사람이라는 인상, "난 중생일 따름인데" 등 괴로움이나 즐거움 따위가 끊임없이 닥쳐와서 번뇌를 끊을 수 없어 보살이 될 수 없다는 뭇 인연에 의하여 살아가는 존재라는 중생상, "아직 더 살날이 남았는데" 등 영생은 아니더라도 일정한 기간 동안은 살아 있을 수 있다는 수자상 등이 있다.

선호념선부촉제보살善護念・善付囑諸菩薩: 다른 번역에서는 "보살들을 잘 보호해 주시며 보살들을 잘 격려해 주신다" 또는 "보살들을 잘 염려하여 보호하시고 보살들을 잘 당부하여 위촉해 주시나니" 등으로 해석하고 있으나, 여기에서는 "보살들로 하여금 중생들이 마음을 잘 지킬 수 있도록 부탁하셨다"로 번역하였다.

설법說法: 부처의 가르침, 즉 불법을 이야기하는 것을 말한다. 금강경에 나오는 '법'은 모두 아뇩다라삼먁삼보리법이다.

성문사과聲聞四果: 수다원은 번뇌를 끊고 처음으로 성인의 지위로 들어갔다. 수다원이 되면 거친 탐심貪心과 진심瞋心이 없으므로 저절로 계율을 잘 지켜 악도에 떨어질 만한 행위는 하지 않게 되며, 다음 일곱 생 내로 아라한이 된다. 사다함斯多含 또는 일래향一來向은 인간 세상에 한 번만 더 다녀가면 열반에 이르러 생사生死를 면하게 된다. 아나함阿那含은 인간 세상에 다시 갈 필요가 없다는 의미로 불래不來라고 한다. 색계욕과 무색계욕이 남아 있어 반드시 정거천이라는 천상으로 윤회하여 거기에서 수행하므로 아직 윤회를 끝내지 못한 것이다. 아라한阿羅漢은 수행이 최고의 극치에 이른 성인으로 응공應供이라 하며, 더 이상 윤회하지 않는다. 성문사과는 인도의 전통 수행 절차로, 청년기에는 출가하여 수다원이 되고, 이후 사다함이 되어 집으로 돌아가고, 말년에 재출가하여 다시는 집에 돌아가지 않아도 되는 아나함이 된다. 그런 연후에 인人, 천天의 존경을 받는 스승 아라한이 된다.

세존世尊·여래如來: 금강경에 나오는 여래는 법신으로 진리 그 자체이다. 교화 대상에 따라 적절한 모습으로 변화하여 출현하는 화신으로는 대표적으로 세존, 즉 석가모니가 있다. 세존은 세상의 존경을 받는 분이라는 뜻으로, 여래의 열 가지 명칭 가운데 마지막에 나오는 이름이기도 하다. 여기서는 세존, 부처, 여래로 통일하여 존칭 없이 사용한다.

수기授記: 미래에 받을 인과응보, 즉 과보에 관한 예언으로, 주로 미래의 성불成佛을 미리 축복하고 가피하는 것을 의미한다. 석가모니가 연등불燃燈佛에게서, 미륵彌勒이 석가모니에게서 수기를 받은 이야기가 유명하다.

수미산왕須彌山王: 기원정사 앞을 흐르는 갠지스강의 발원지인 티베트 카일라스를 말한다. 인격화해서 걍린포체로 불리는 이 수미산은 불교 세계관의 중심일 뿐만 아니라 몇 개의 종교의 발원지로 지금도 수많은 참배객이 줄을 잇고 있다. 수미산왕이라고 한 것은 산 자체가 신의 몸, 즉 신체神體라고 믿는 고대신앙의 형태이다.

수지독송受持讀誦: 가르침을 제대로 받아들이고, 늘 잊지 않고 마음 속 깊이 지니며 읽고 암송, 즉 외우는 행을 말한다.

아뇩다라삼먁삼보리阿耨多羅三藐三菩提: 부처의 깨달음의 경지인 무상정등정각無上正等正覺, 즉 위가 없는 바르고 원만한 깨달음이라는 뜻이다. 금강경 본문에 나오는 '법'은 대부분 모두 위대하고 최고로 좋은 법의 뜻으로 바로 이 아뇩다라삼먁삼보리를 말한다.

연등불燃燈佛: 과거·현재·미래 삼세의 부처 가운데 현세불現世佛인 석가모니 이전以前에 나타났었다는 전불前佛을 말한다.

제도濟度: 중생을 괴로움, 즉 번뇌의 속박에서 벗어나게 한다는 의미이다.

중생衆生: 불교에서 인간을 비롯하여 고통을 받는 모든 생물, 혹은 이 금강경을 읽는 우리 모두를 가리키기도 한다.

칠보七寶: 금·은·유리·호박·진주·자거·마노의 값진 보물을 말한다.

구사일생

용수보살의 전설이 깃든 산에서 평생 가도 만날 수 없는 눈표범 레
오파드와 길가에서 맞닥뜨렸다. 티베트 불교의 위대한 승려의 환생
이 참배객을 맞이하려고 멀리서도 왔나 보다.(네팔 카트만두 이궁)

개경게

이제 함께 이 책을 읽고자 하는 분은 아래의 개경게, 즉 부처의 가르침이 적힌 경전을 읽기 시작할 때 노래를 하듯이 외우면 더 좋을 것 같다.

개경게 開經偈

무상심심미묘법 無上甚深微妙法
백천만겁난조우 百千萬劫難遭隅
아금문견득수지 我今聞見得受持
원해여래진실의 願解如來眞實義

가장 높고 매우 깊은 미묘한 법을
정말 길고 긴 시간 지나도 만나기 어렵다.
우리가 지금 바로 듣고 보고 얻어 지니어
여래의 참된 큰 뜻을 알고자 합니다.

다음으로 지혜를 구하는 마음을 주변은 물론 모든 우주에 당당하게 알려서 앞으로 여법하게 앞으로 수행하겠다는 뜻을 천명해야 한다. 그런 의미를 담은, 부처의 법이 간직된 주문진언·다라니을 외워야 하겠다.

개법장진언開法藏眞言

옴 아라남 아라다
옴 아라남 아라다
옴 아라남 아라다

지혜 삼매를 구하는 마음을 모든 우주에 알립니다.
지혜 삼매를 구하는 마음을 모든 우주에 알립니다.
지혜 삼매를 구하는 마음을 모든 우주에 알립니다.

큰마니차

거대한 윤장대輪藏臺마니차 둘레에 있는 금속제 손잡이가 잡고 돌리는
노 신도의 오른손을 거꾸로 부축하고 있다. 삼천대천세계의 부처들
이 함께 거대한 마니차를 함께 돌리고 있는 셈이다.(인도 라다크 물백)

술술 읽으며 깨쳐 가는
《금강경》

여시아문

이와 같이 우리 모두는 들었다. 부처 말씀의 깊은 뜻을 새기며 가급적 뉘
앙스를 살려 생생하고도 친근하게 전하려고 한다. 그러니, 다른 걱정이나 의심
을 하지 말고 믿음만을 갖고 귀를 기울여 한 글자도 놓치지 말고 잘 새겨들어
야 할 것이다.

如是我聞하사오니.

'이와 같이 나는 들었다'에서 '나'가 아닌 '우리'라고 해석한 것은 이 책이 처음이 아닌가 싶다. 비록 아난 존자가 말하는 형식이라고 해도, 그 내용은 아난 혼자가 아닌, 부처와 대화를 직접 나눈 수보리는 물론, 이후 결집에 참가한 모두가 인가한 내용이다. 나아가, 보다 넓은 의미에서 그 '우리'에는 아라한들뿐만 아니라, 법회에 참석한 천인과 아수라 등도 포함된다. 물론 지금 이 책을 쓰고 읽고 있는 우리 모두도 포함된다.

경전에 늘 등장하는 "이와 같이 우리는 들었다"는 뜻의 '여시아문如是我聞'의 아문은 금강경에서는 '불설佛說'의 반대되는 말인 듯싶다. "부처께서 이와 같이 말씀하셨다"는 '여시불설如是佛說'은 금강경에서 말하는, 바로 "부처가 말했다"는 것에 방점, 즉 마음을 둔 하나의 상相이 된다. 극단적으로는 "아까 부처께서 이와 같이 말씀하셨잖아요?"라고 따지며 자기 기억이 맞다고 덤비는 사람도 있을 수 있다. 우리들은 자기가 옳다는 집착이나 자만감을 털어버리고 오직 스스로의 소견이나 안목이 좁아서 제대로 알아듣지 못하는 '내 탓'을 해야 한다. 이와 같이, 말한 '남 탓'이 아니라 들은 '내 탓'으로의 전환을 요구한 것이 '여시아문'의 참뜻이며, 이런 하심下心을 전하는 화두를 첫머리에 밝히면서 여느 경전처럼 금강경 법회도 시작된다.

이처럼 부처는 이미 충분히 가르쳐주셨으니 이제는 그 가르침을 겸허하게 수지독송하고 보시, 즉 보살행을 실천하는 것이 우리들의 몫으로 남는다.

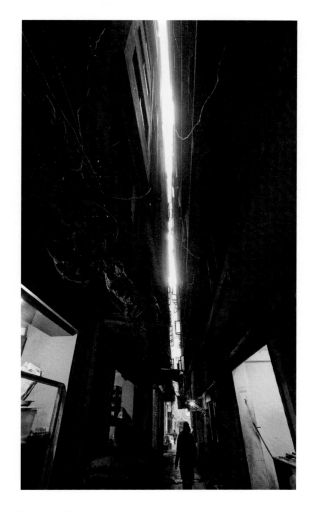

가까워진 사이

네팔대지진은 끄떡없이 제자리를 지키는 타멜의 꼬마빌딩들 사이를
좁아지게 한 것 같다. 그 가까워진 사이로 한 여인이 아침 출근길을
재촉한다.(네팔 카트만두 타멜)

2. 소중한 하루하루

부처께서 인도 북부 사위성 기타 태자의 숲에 급고독 장자가 세운 기수
급고독원이라는 절기원정사에서 1,255명교진여 등 5명, 가섭파 3형제
등 1000명, 사리불 등 200명, 야사 등 50명이나 되는 덕 높은 비구 대중들
과 함께하셨던 어느 일상적인 '하루'의 일이다.

一時에 佛이 在舍衛國 祇樹給孤獨園하사 與大比丘衆 千二
百五十人으로 俱하시니라.

모든 하루하루의 일상은 같지만, 다시는 안 오는 그 소중한 시간인 지금 바로 이때 세존께서 평소대로 공양 시간^{사시:10~11시}이 다가오자 외출복을 입고 밥그릇^{발우·바리때}을 지니고 교화와 하심을 실천하고자 몸소 음식을 구걸^{걸식·탁발}하기 위해 사위대성으로 들어가셨다. 성 안에서 차례대로 부잣집 가난한 집 가리지 않고 보이는 대로 일곱 집을 들러 구걸을 마친 뒤에 본래 계시던 처소로 돌아오셨다. 식사를 마치신 후에 옷과 그릇을 정리하셨다. 손과 발을 씻고 길상초 자리를 펴고 가부좌를 틀고 앉으셨다. 선정으로 삼매에 드신 후, 드디어 모두가 불보살이 되게 하는 정수를 담은 금강경 회상이 시작된다.

爾時에 世尊이 食時에 着衣持鉢하시고 入舍衛大城하사 乞食하

실새 於基城中에 次第乞已하시고 還至本處하사 飯食訖하시고

收衣鉢하시고 洗足已 敷座而坐하시니라.

위험한 준비

신성한 보다나트를 수놓을 타르쵸와 룽타를 거는 위험하면서도 소중한 일은 늘 젊은 라마승들의 몫이다.(네팔 카트만두 보다나트^{UNESCO} 세계문화유산)

일상이란 무엇인가? 늘 생활하는 곳이 바로 수행의 공간이다. '수행 따로 일상 따로'라는 것은 불교적 사고와 거리가 있다. 생활선生活禪이라는 말처럼, 오롯하게 깨어 있는 일상 자체가 수행과 크게 다르지 않다. 그런 불이론不二論으로 금강경 법회의 시작은 늘 일상, 즉 걸식이라는 청빈한 생활과 솔선수범하는 '하심'을 배우는 데서 시작되는 것이다.

3. 마음을 지키는 방법

마침 세존보다 나이 많은 장로들 가운데 논쟁을 가장 잘하고 공의 이치를 제일 잘 이해하는 수보리가 대중 가운데 있다가 일어났다. 세상의 가장 위대한 스승인 세존께 법을 묻기 위해 오른쪽 어깨 부분을 드러내고 앞으로 나와 오른쪽 무릎을 땅에 꿇고 합장하며, 공경의 예를 다하며 부처께 아뢰었다.

時에 長老-須菩提 在大衆中하시다가 卽從座起하사 偏袒右肩하시고 右膝着地하시고 合掌恭敬하사 而白佛言하사대.

삼각관계

티베트 불교의 한 승려라마와 깃발처럼 줄에 걸린 세존에게 수기를
준 연등불을 모신 보다나트와 마주하고 있다.(네팔 카트만두 보다나트
UNESCO 세계문화유산)

최근 코로나19가 세계적인 대유행팬데믹이 되면서 우리가 기원 전과 기원 후를 나누듯이 B.C.Before Corona와 A.D.After Disease 또는 A.C.After Corona, 즉 코로나 전과 후로 시대구분을 할 수 있다. 그런 의미에서 2019년에 발생했지만 실제로 영향을 끼친 2020년은 코로나 원년이 되는 셈이다. 이런 코로나와는 비교할 수 없을 정도로, 2,500여년 전에 열린 금강경 법회도 불교사 나아가 우리 인류사의 한 획을 긋는 중요한 사건이다.

금강경 회상이 열리는 이 날, 중생들은 '부좌이좌'를 기점으로 속俗에서 성聖으로, 일상에서 회상會上으로 들어가게 된다. 이는 모두가 일시에 보살이 되는 찰나이기도 하다. '부좌이좌'로 시작된 바로 이 금강경 회상에서도 세존께서는 중생 모두로 하여금 무한한 법열을 느끼게 하며, 완전한 열반으로 이끌어 보살이 되게 한다. 그러나 법회가 끝나고 나면 그 상태가 오래가지 않게 될 것을 암시하고 있다. 끝나고 오랜 후 아니 어쩌면 끝나자마자 "부처께서 이와 같이 말한 거 맞지?"라고 한다. 그렇게 모두 '여시불설'의 태도로 다시 시비를 가리며 그곳에 머물러 상을 만들어 다시 중생심으로 돌아가게 될 것을 미리 경계한 것이기도 하다.

수보리 말없는 설법으로 늘 일상에서 하심을 실천하며 무한한 법열을 얻게 해
주시는 만나기 어려운 위대하신 세존이시여! 중생을 교화하
기 위해 진리 그대로의 진여眞如의 모습으로 우리에게 오신 여래께
서는 위로는 보리를 구하고 아래로는 중생을 교화하기를 서원한 보
살들로 하여금 중생들이 마음생각을 잘 지킬 수 있도록
부탁하셨습니다. 세존이시여! 선한 남자나 선한 여인들
이 아뇩다라삼먁삼보리를 배우고 닦으려는 마음을 낸
후에는 그 마음을 어디에 두어야 되며 머물려고 하는 그
마음이 있다면 이것을 어떻게 항복시키며 다스려야 합니까?"

세존 좋구나. 참으로 좋다. 수보리야! 그대 말처럼 여래께서
는 보살들로 하여금 중생들이 마음생각을 잘 지키게 하도
록 부탁하셨다. 마침 수보리 그대가 지금 듣기를 청하니,
이제 그대들을 위해 다 말해 주겠다. 선한 남자나 선한
여인들이 아뇩다라삼먁삼보리를 얻고자 하는 마음을 내
고는 '이와 같이' 머물러야 하며 '이와 같이' 그 마음을 항
복시키며 다스려야 된다.

수보리 네, 세존이시여! 기꺼이 듣고자 합니다. 계속해서 다 가르쳐
주시기 바랍니다.

希有世尊하 如來 善護念諸菩薩하시며 善付囑諸菩薩하시나이다. 世尊이시여 善男子 善女人이 阿耨多羅三藐三菩提心하니는 應云何住며 云何降伏其心하리이까.

佛言하사대 善哉善哉라. 須菩提야 如汝所說하야 如來 善護念諸菩薩하시며 善付囑諸菩薩하시나니 汝今提請하라. 當爲如說하리라. 善男子 善女人이 發阿耨多羅三藐三菩提心하니는 應如是住하며 如是降伏其心이다.

唯然世尊하 願樂欲聞하노이다.

뗏목의 비유
좀솜에서 까그베니로 가는 길에 만난 강 위로 레프팅을 즐기
는 두 사공이 부럽기만 하다. 나마스떼 아니 타시텔레!(네팔
무스탕 까그베니)

아상·인상·중생상·수자상 I

세존　대보살마하살이라면 응당 그 머물려는 마음을 잘 다스려야
한다. 이른바 알에서 나는 난생·태로 생기는 태생·습기에 의해
생기는 습생·이 몸 그대로 가서 태어나는 화생·빛깔이 있는 유색
과 빛깔이 없는 무색·생각이 있는 유상과 생각이 없는 무상, 그리
고 생각이 있는 것도 아닌 비유상과 생각이 없는 것도 아닌 비무상
등 이 세상 모든 중생의 집착과 고통을 보살인 내가 없애고
모든 번뇌가 사라진 완전한 열반에 들게 해야 한다. 이와
같이 한량없이 수많은 중생을 제도해 왔다고 생각했다.
그러나, 이제와 보니, 실제로는 열반에 든 중생은 한 명
도 없다. 왜냐하면 수보리야! 보살이 되더라도 그런 생
각을 했다면, 아상·인상·중생상·수자상이 생긴 것이므
로, 더 이상 보살도 아니며 보살이라고도 할 수 없기 때문
이다.

佛告須菩提하사대 諸菩薩摩訶薩이 應如是降伏其心이니 所有
一切衆生之類 若卵生 若胎生 若濕生 若化生 若有色 若無色
若有想 若無想 若非有想 非無想을 我皆令入無餘槃하야 而滅
度之하리니 如是滅度 無量無數無邊衆生호대 實無衆生이 得滅
度者니 何以故오 須菩提야 若菩薩이 有 我相 人相 衆生相 壽
者相이면 卽非菩薩이다.

5. 무주상보시 Ⅰ

세존 또한 보살은 보리를 얻는 법에서조차 더 머물러 있으려
는 생각을 없애야 하고 몸과 마음은 늘 함께 보시로 나아가
야 한다. 이와 같이 보살은 이른바 눈에 보이는 모양이나 색깔
등의 색에 머물지 말고 보시로 나아가야 한다. 또한, 귀로
듣는 소리인 성·코로 맡는 내음인 향·혀로 느끼는 맛인 미·만지
는 등의 느낌인 촉·생각과 뜻으로 얻는 결과인 법에도 머물러서
는 안 된다. 그 마음을 항복시키고 다스리기 위해서는 늘
중생들을 위해 보시로 나아가려는 마음을 가져야 한다.
이런 식으로 보살은 상에 머물지 않는 보시를 해야 한다.
수보리야! 왜 보살이 상에 머물지 않고 보시를 해야 하
는지 그 이유를 아느냐? 만일 보살이 상에 머물지 않는
보시를 하면 그 복덕을 헤아릴 수 없이 많기 때문이다.
동쪽에 있는 허공을 아무리 시간을 많이 주고 충분히 생각해 본다
고 해도 다 헤아릴 수 있겠느냐?"

수보리 못합니다. 세존이시여!

復次 須菩提야 菩薩이 於法에 應無所住하야 行於布施니 所謂 不住色布施하며 不住聲香味觸法布施니라. 須菩提야 菩薩이 應如是布施하야 不住於相이니 何以故오. 若菩薩이 不住相布施하면 其福德을 不可思量이다. 須菩提야 於意云何오. 東方虛空을 可思量不아.

不也니이다 世尊하.

세존 수보리야! 동쪽 이외의 남쪽·서쪽·북쪽, 그리고 그 사이
인 동남·동북·서남·서북과 나아가 그 위·아래에 있는
허공을 시간을 충분히 주고 세어 보라고 하면 그대가 다 헤아릴
수 있겠느냐?

수보리 셀 수 없이 많아서 못합니다. 세존이시여!

세존 보살이 상에 머물지 않는 보시를 하는 복덕도 이와 같아
서 아무리 세어 보려고 해도 다 헤아릴 수 없을 정도로 많다.
보살은 딴 데 마음 팔지 말고 그 어디에도 더 머물러 있으려 하지 말
고 늘 보시, 즉 보살행으로 나아가야 한다는 여래의 바로 그 가르침
에만 머물러야 한다.

須菩提야 南西北方四維上下虛空을 可思量不아.

不也이니다. 世尊하.

須菩提야 菩薩이 無住相布施하는 福德도 亦復如是하야 不可
思量이다. 須菩提야 菩薩이 但應如所教住니라.

마음을 두는 곳이 없어야 하지만 여래의 가르침에 마음이 머물러도 된다고 하면 모순이라며 의심을 품을 수 있다. 하지만, 그 가르침 자체가 "머물러 있으려 하지 말고 보시로 더 나아가야 한다"는 것이기 때문에 모순이 되지 않는다. 이런 무주상보시의 복덕은 바로 보살이 되는 지름길이다.

독서열

마낭으로 가는 길에 들린 한 작은 곰파에서 불서를 열심히 읽고 있
는 비구니를 만났다.(네팔 안나푸르나보호지구 차메)

6. 여래의 겉모습과 실상 Ⅰ

세존   부처의 서른두 가지 겉모습의 특징인 32길상으로 여래를 알아
볼 수 있다고 생각하느냐?

수보리 못합니다. 세존이시여! 몸^{형상}의 특징만으로는 여래를 알
아볼 수 없습니다. 왜냐하면 여래께서 부처 몸의 형상이
라고 말씀한 32길상은 잠시 눈에 머물러서 생긴 것으로 거울에 비
친 잔상과 같은 것으로, 이것이 곧 부처의 실상인 여래의 청정법
신을 말한 것은 아니기 때문입니다."

세존   모든 실상이라고 하는 형상들은 다 허망한 것이다. 그 형
상들이라는 것은 참된 실상이 아닌 허상이다. 이러한 진
리를 알게 되면 바로 지혜^{반야}를 얻게 된다. 이와 같이 겉
모습^색에 머물지 않는 마음의 지혜를 얻어야 비로소 여
래를 알아볼 수 있게 된다.

須菩提야 於意云何오. 可以身相으로 見如來不아

不也이니다. 世尊이시여 不可以 身相으로 得見如來니 何以故오
如來 所說身相은 卽非身相일새니이다.

佛告 須菩提하사대 凡所有相이 皆是虛妄이니 若見 諸相非相
이면 卽見如來니라.

32길상과 뒤에 나올 80종호는 부처 열반 후 500년 뒤에 인도의 간다라 지방과 마투라지방에서 불상을 만들기 시작했을 때 세존이나 전7불의 겉모습을 표현할 때 사용된 듯하다. 원래 전륜성왕轉輪聖王의 겉모습을 표현한 것으로, 가장 위대한 전륜성왕인 세존도 같은 겉모습을 한 것은 당연할 것이다. 다만 전륜성왕이라고 해도 세존은 아니므로 길상과 종호가 곧 부처를 구별할 수 있는 것은 아니라는 틈이 생긴다. 결국 이는 부처는 인간과는 다른 형상을 하고 있다는 상에서 만들어진 것으로, 신이란 중생들이 생각하는 관념인 상相의 반영이라는 점을 알려준다. 사실 인자한 부처는 중생에게 늘 뭔가를 주거나 구해주는 사람의 모습으로 그 상이 만들어진다. 하지만 부처의 겉모습 역시 당시 한 순간의 모습을 부연한 것에 지나지 않으며, 그 모두가 우리 중생의 겉모습이기도 하다. 따라서 이런 겉모습에 의존해서 부처를 구하는 것은 허망할 따름이다.

정상탈환

탑에 걸쳐져 위험스럽게 놓인 사닥다리를 타고 올라간 나마스떼코
리아 현지 직원 타면이 손을 흔들며 함성을 지르고 있다. 화려하면
서도 아름답고 성스러운 만다라가 이 탑의 1층 천장에 그려져 있음
을 아는 걸까?(네팔 안나푸르나보호지구ACAP 마낭)

7. 깨끗한 믿음

수보리 　세존이시여! 과연 어떤 중생이 이러한 가르침을 듣는 것
　　　　만으로도 진실한 믿음을 정말 낼 수 있겠습니까?"

세존 　　그런 생각이나 말은 하지도 말아야 한다. 여래께서 돌아가
　　　　신 후 오백년이 지난 뒤에라도 계율을 지키며 복덕을 닦
　　　　는 이들은 이 말씀만이라도 듣거나 만나도 참다운 믿음
　　　　을 내고 이를 가장 큰 진리아녹다라삼먁삼보리로 여길 것이다.
　　　　이런 중생들은 손가락으로 셀 수 있는 만큼의 하나·둘·셋·넷
　　　　아니 다섯 부처께만 선한 인연의 씨앗이나 뿌리를 심은
　　　　것이 아니다. 이미 셀 수 없을 정도의 많은 수천만의 부
　　　　처께 모든 선한 인연의 뿌리를 심었다. 그러므로 이 말씀
　　　　을 아주 짧은 순간이라도 듣거나 만난다면, 한 생각마음으
　　　　로라도 바로 깨끗한 믿음을 낼 것이다.

須菩提 白佛言하사되 世尊하. 頗有衆生이 得聞如是言說章句
하사옵고 生實信不잇가.

佛告須菩提하사되 莫作是說하라. 如來 滅後後五百歲에 有 持
戒修福者 於此章句에 能生信心하야 以此爲實하리니 當知하라.
是人은 不於一佛二佛三四五佛에 而種善根이라. 已於無量千
萬佛所에 種諸善根하야 聞是章句하면 乃至 一念이라도 生淨信
者니라.

물고기의 꼬리
풍요의 여신 안나푸르나의 유일한 출입금지 구역인 쉬
바신의 산 마차푸차레 정상에 물고기 꼬리fishtail가 선명
하다.(네팔 안나푸르나보호지구ACAP 마차푸차레)

8. 아상·인상·중생상·수자상 Ⅱ: 중도

세존 수보리야! 여래께서는 모르는 것 없이 다 알고 보이지 않는 것 없이 다 보신다. 그러므로 이런 중생들에게는 아상·인상·중생상·수자상은 물론 법이라는 상도, 법이 아니라는 상도 다 없어질 것을 다 보고 다 아신다. 혹시라도 이 중생들의 마음에 상이 생겼다면, 이는 곧 아상·인상·중생상·수자상에 걸린 것이다. 또한 이 중생들이 법이 있다는 상이 생겼다면 이것도 결국은 아상·인상·중생상·수자상에 집착한 것이다. 만일 법이 아니라는 상이 생겼다면 이것도 아상·인상·중생상·수자상에 집착한 것이다. 그러므로 법이 있다는 상에도 걸리지 말아야 하고 법이 아니라는 상에도 걸리지 말아야 한다.

이런 큰 가르침의 뜻으로 여래께서 항상 '그대 비구들은 나의 설법을 여래께서 공을 터득하게 하기 위해서 가르친 중도란 흐르는 물을 따라 양단의 기슭에 닿지 않고 깨달음의 바다로 잘 내려가는 뗏목의 비유 같이 여겨야 한다.'라고 하신 것이다. 법에 머물려는 상도 버려야 하거늘, 하물며 법도 아닌 곳에 마음을 두어서 생기는 상은 더 말해서 무엇하겠는가!

須菩提야 如來 悉知悉見하나니 是諸衆生이 無復我相 人相衆
生相壽者相하며 無法相하며 亦無非法相이다. 何以故오. 是諸
衆生이 若心取相하면 卽爲著我人衆生壽者니라. 何以故오. 若
取法相이라도 卽着我人衆生壽者며 若取非法相이라도 卽着我
人衆生壽者니라. 是故로 不應取法이며 不應取非法이니라.

以是義故로 如來 常說하대 汝等比丘 知我說法을 如 筏喩者라
하노니 法尙應捨어든 何況非法이야따녀.

미륵불의 재림
세상에서 가장 높은 고갯길인 카르둥라^{해발 5603m}에 감춰진 누브라밸리
의 어느 작은 산정 이름 모를 작은 곰파를 찾은 두 모녀의 기도를 미륵
불도 보고 계신다.(인도 라다크 누브라밸리 잠파곰파_{Jampa gompa})

9 행함이 없는 법

세존   여래께서 아뇩다라삼먁삼보리를 얻었다는 말을 한 적이 있다고 생각하느냐?

수보리 제가 부처님 말씀의 큰 뜻을 헤아려 보건대, 아뇩다라삼 먁삼보리라는 이름의 법이 있다고 한 적도 없으며, 또한 여래께서 설한 법이 아뇩다라삼먁삼보리라고 한 적도 없습니다. 왜냐하면 여래께서 말씀하셨다는 법이라는 것이 바로 지금 만지거나 가질 수 있는 것도 아니며, 딱히 이것이라고 말할 수도 없으며, 바로 그때 그곳 그리고 그 맥락의 그 법이라고 할 수는 없기 때문입니다. 그렇다고 법이 아니라고도 할 수 없습니다. 왜냐하면 그 성취가 각기 조금씩 다르지만, 모든 성인보살이나 현인성문들은 했다는 행함이나 했다는 상이 없는무위無爲 법을 닦았기 때문입니다.

須菩提야 於意云何오. 如來得阿耨多羅三藐三菩提耶아. 如來有所說法耶아.

須菩提 言하사대 如我解 佛所說義하야는 無有定法名阿耨多羅三藐三菩提며 亦無有定法如來可說이니 何以故오. 如來 所說法은 皆 不可取며 不可說이며 非法이며 非非法이니 所以者何오. 一切賢聖이 皆以無爲法으로 而有差別이니이다.

깊은 명상 라다크 최대 불교사원의 법당 모퉁이에서 한 서양인이
버터램프에서 타들어가는 불꽃을 응시하며 깊은 명상
에 잠겨 있다.(인도 라다크 레 헤미스 곰파)

10. 수지독송의 복덕 I

세존   수보리야! 누군가 우주를 가득 채울 만큼 많은 칠보를 보시한다면 그 사람이 받을 복덕이 많을 것이라고 여기느냐?

수보리   네. 매우 많을 것입니다. 세존이시여! 하지만 많다는 그것은 복덕의 원래 성질이 세속적인 것이 아닌 성스러운 것입니다. 다만, 여래께서도 중생들에게는 방편으로 그냥 복덕이 많다고 말씀하신 것 같습니다.

세존   다시 말해서 나중에 누구라도 이 가르침 가운데 단지 몇 구절만이라도 수지독송하고 있다가 도움이 필요한 다른 사람을 위해 설법한다면 말이다. 그 복덕이 우주를 채울 만큼 많은 갖가지 보석들칠보을 보시한 것보다도 더 낫다고 할 수 있다. 수보리야! 왜냐하면 모든 부처들과 그 부처들의 아뇩다라삼먁삼보리가 모두 바로 이 가르침에서 나왔기 때문이다. 수보리야! 방금 말한 부처의 법이라고 한 것 역시 부처의 법의 실상이 아니다. 그럼에도 불구하고 다만 방편으로 잠시 이름만 법이라고 붙인 것일 따름이다.

須菩提야 於意云何오 若人이 滿三千大千世界七寶로 以用布施하면 是人의 所得福德이 寧爲多不아.

須菩提言하사대 甚多이니다 世尊하. 何以故오 是 福德이 卽非福德性일새 是故로 如來說 福德多이니다.

若復有人이 於此經中에 受持 乃至四句偈等하야 爲 他人說하면 其福이 勝彼하리니 何以故. 須菩提아 一切諸佛과 及 諸佛 阿耨多羅三藐三菩提法이 皆從此經出이다. 須菩提야 所謂 佛法者는 卽非佛法이다.

희망고문 굽이굽이 산등성이를 타고 올라오는 버스에 탄 가족과 친
구들을 여섯 명의 어린이들이 나란히 서서 함께 기다리고
있다.(네팔 안나푸르나보호지구[ACAP] 땅떵)

11 아상·인상·중생상·수자상 III : 성문사과聲聞四果

세존   수보리야! 수다원의 경지에 오른 사람이 '내가 이제 수다원의 도를 얻었다'라는 상을 가졌다고 여기느냐?

수보리 아닙니다. 세존이시여! 왜냐하면 수다원의 경지에 오른 사람은 성인의 경지에 갓 들어갔기에, 입류入流라는 이름만 붙인 것일 따름이기 때문입니다. 실제로 성인의 범주에 들어간 것은 아니며, 다만 색色·성聲·향香·미味·촉觸·법法 육진六塵: 여섯 가지 먼지에 더 이상 빠지지 않게 되어 그리고 성인의 경지에 들어갔다는 그런 상이 없어서 수다원이라고 이름만 붙인 것일 따름입니다. 세존이시여! 만일 수다원의 경지에 오른 사람이 '내가 수다원의 도를 얻었다'라는 상을 가졌다면 이는 곧 아상·인상·중생상·수자상에 집착한 것입니다. 그렇다면 수다원이 될 수도 없었고 수다원이라고 부르지도 않았을 것입니다.

세존   그대가 사다함의 경지에 오른 사람이라면 '내가 이제 사다함의 도를 얻었다'는 상을 가지겠느냐?

수보리 아닙니다. 세존이시여! 왜냐하면 사다함의 경지에 오른 사람은 천계나 인간 세상에 한 번 더 다녀오면 열반에 이른다는 일왕래一往來 이름만 붙인 것일 따름입니다. 실제로 한 번 더 왕래해야 한다는 그런 상이 없어서 사다함이라고 이름만 붙인 것일 따름입니다. 세존이시여! 만일 사다함의 경지에 오른 사람이 '내가 사다함의 도를 얻었다'라는 상을 가졌다면 이는 곧 아상·인상·중생상·수자상에 집착한 것입니다. 그렇다면 사다함이 될 수도 없었고 사다함이라고 부르지도 않았을 것입니다.

須菩提야 於意云何오 須陁洹이 能作是念하대 我得須陁洹果
不아.

須菩提 言하사대 不也니이다. 世尊아 何以故오 須陁洹은 名爲
入流로대 而無所入이니 不入 色聲香味觸法일세 是名 須陁洹
이니이다.

須菩提야 於意云何오 斯陁含이 能作是念하대 我得斯陁含果
不야.

須菩提 言하사대 不也니이다. 世尊이시여 何以故오 斯陁含은
名 一往來로대 而實無往來일새 是名 斯陁含이니이다.

세존 그대가 아나함의 경지에 오른 사람이라면 '내가 이제 아나함
의 도를 얻었다'는 상을 가지겠느냐?

수보리 아닙니다. 세존이시여! 왜냐하면 아나함은 천계나 인간
세상에 다시 가지 않아도 된다는^{불래不來} 이름만 붙인 것
일 따름으로, 실제로 다시 오지 않아도 된다는 상이 없어
서 아나함이라고 이름만 붙인 것일 따름입니다. 세존이시여!
만일 아나함의 경지에 오른 사람이 '내가 아나함의 도를 얻었다'라는
상을 가졌다면 이는 곧 아상·인상·중생상·수자상에 집착한 것입니다.
그렇다면 아나함이 될 수도 없었고 아나함이라고 부르지도 않았을 것
입니다.

세존 그대가 아라한의 경지에 오른 사람이라면 '내가 아라한의 도
를 얻었다.'는 상을 가지겠느냐?

수보리 아닙니다. 세존이시여! 왜냐하면 아라한은 더 배우고 닦을
것이 없다는 ^{무학無學}이라는 이름만을 가졌을 따름으로 실제로 더
배울 법이 없다는 상이 없어서 아라한이라고 이름만 붙
인 것일 따름입니다. 세존이시여! 만일 아라한이 '내가 아
라한의 도를 얻었다.'라는 상을 가지면 이는 곧 아상·인
상·중생상·수자상에 집착한 것입니다. 그렇다면 아라한이
될 수도 없었고 아라한이라고 부르지도 않았을 것입니다.

須菩提야 於意云何오. 阿那含이 能作是念하대 我得阿那含果
不아

須菩提 言하사대 不也이니다. 世尊이시여 何以故오 阿那含은
名爲不來로대 而實無不來일새 是故로 名 阿那含이니이다.

須菩提야 於意云何오 阿羅漢이 能作是念하대 我得阿羅漢道
不아

須菩提 言하사대 不也니이다. 世尊하 何以故오 實無有法 名 阿
羅漢일새니이다. 世尊하 若阿羅漢이 作是念하대 我得阿羅漢道
라하면 卽爲着 我人衆生壽者니이다.

나른한 오후 여름 축제를 맞이하여 벌어진 마을 사람들의 춤사위를
바라보다 잠에 든 아이 앞의 차가 식을까 뚜껑이 덮여져
있다.(인도 라다크 누브라 삼탕사원)

12. 수보리의 아란나행

수보리 세존이시여! 부처님께서는 제가 다퉈야 할 일이 없어져
서 생기는 삼매^{무쟁삼매無諍三昧}를 얻은 사람들 중에 제일이
라 하셨습니다. 이는 '욕심을 버려서 번뇌가 다하여 공에
머물게 된 아라한'이란 뜻이지만, 저 스스로는 한 번도
이런 상을 가진 적이 없기에 저를 '욕심을 완전히 여읜
아라한'이라고 하신 것 같습니다. 세존이시여! 제가 '내
가 아라한의 도를 얻었다'라는 상을 가졌다면 이는 곧 아
상·인상·중생상·수자상에 집착한 것입니다. 그렇다면 아라한이 될 수
도 없었고 아라한이라고 부르지도 않았을 것입니다. 그리고 세존께
서는 저를 묵언默言 등 고요한 가운데 공을 관찰하는 수행인 아란
나행阿蘭那行을 좋아하는 사람이라고도 하시지 않으셨을
것입니다. 제가 실제로 아란나행을 했다는 상이 없기 때
문에 그리고 했다는 상이 없는 무위의 행을 닦았기에 수보리가 아
란나행을 좋아한다고 이름만 붙이신 것일 따름입니다.

世尊하 佛說 我得無諍三昧人中에 最爲第一이라하시니 是 第
一離欲阿羅漢이언만 我 不作是念하대 我是離欲阿羅漢이라하
나이다. 世尊하 我 若作是念호대 我得阿羅漢道라하면 世尊이
卽不說須菩提 是樂阿蘭那行者라하시려니와 以 須菩提 實無所
行일새 而名 須菩提 是樂阿蘭那行이라하시나이다.

무영탑

호수 너머의 불교나라_{불국토}의 탑을 닮은 왕궁을 보다가, 문득 우리
경주 불국사 무영탑_{석가탑}이 떠올랐다. 아사달의 부인 아사녀가 그
토록 기다리던 무영탑의 장인인 남편 아사달이 만든 탑의 그림자가
왕궁 옆의 연못 위에 비쳐져 있는듯하다.(부탄 팀부 왕궁)

13. 연등불의 수기 I

세존   수보리야! 내가 그 옛날 그러니까 전생에 바라문 수행자
였을 때 연등불燃燈佛을 뵈었던 적이 있었다. 꽃 다섯 송이
를 사서 공양했고, 지나가시는 진흙탕 길에 발이 더렵혀질까봐 머리
카락을 펴서 연등불께서 밟고 건너시게 했다. 그때 연등불께서는 내
가 91겁 뒤에 석가모니 부처가 되리라는 수기를 내리셨다. 그때, 내
가 법을 얻을 것이라는 기대같은 그런 상을 가졌다고 여기
느냐?

수보리   아닙니다. 세존이시여! 여래전생의 세존께서는 연등부처를
뵈었을 때, 법을 얻을 것이라는 상이 정말로 없으셨다고
생각합니다. 그래서 결국 아뇩다라삼먁삼보리를 얻어 부처가 되신
것입니다.

佛告須菩提하사대 於意云何오 如來 昔在燃燈佛所하여 於法
有所得不아.

不也니이다. 世尊하 如來 在燃燈佛所하사 於法에 實無所得이
시니이다.

내가 제일 잘나가! 고구려 유민들이라고 해도 될 정도로 우리와 닮은 구룽
족이 히말라야를 처음 넘어서 정착한 성소聖所인 콜라에서 뛰어다
니는 양떼들이 참 자유롭다.(네팔 안나푸르나보호지구ACAP 콜라)

14. 불국토를 장엄하는 보살

세존 그럼, 수보리야! 보살들이 부처의 가르침을 만날 수 있
  는 이 세상불국토을 장엄한다는 상을 가졌다고 여기느냐?

수보리 아닙니다. 세존이시여! 왜냐하면 보살들이 부처의 가르침
  을 만날 수 있는 이 세상불국토을 장엄하는 것은 눈에 보
  이는 그런 치장이 아닌 것으로 압니다. 따라서 그런 상도 내
  지 않기 때문에 이름만 장엄이라고 붙인 것일 따름입니다.

세존 수보리야! 맞다. 그렇게 대보살마하살들은 색·성·향·
  미·촉·법에 마음을 두어서는 안 된다. 그 아무 데도 머
  물지 않고 상을 내지 말아야 이런 깨끗한 마음믿음을 내게
  된다.

須菩提야 於意云何오 菩薩이 莊嚴佛土不아.

不也니이다. 世尊하 何以故오 莊嚴佛土者는 卽非莊嚴일새 是
名 莊嚴이니이다.

是故 須菩提야 諸菩薩摩訶薩이 應如是生淸淨心이니 不應住
色生心하며 不應住聲香味觸法生心이요 應無所住하야 而生其
心이다.

절로 가는 차 가이드에 의하면, 12세기에 세워진 이 절의 주지는 달라이라마의
친동생이라고 한다. 참배객을 싣고 곰파로 향하는 2대의 SUV가 왠
지 모르게 엄숙하고 경건해 보인다.(인도 라다크 레 리키르 곰빠)

15. 수미산왕의 크기

세존   수보리야! 예를 들어 어떤 사람의 몸이 수미산왕만하다
       고 하면 그 크기가 크다고 해도 되겠느냐?

수보리 네. 됩니다. 매우 큽니다. 세존이시여! 왜냐하면 부처님
       께서 말씀하신 그 몸은 눈에 보이는 형체와 생멸이 있는 그
       런 몸이 아닙니다. 그저 이름만 큰 몸이라고 붙인 것일 따
       름입니다.

須菩提야 譬如有人이 身如須彌山王하면 於意云何오. 是身이
爲大不아.

須菩提 言하사대 甚大니이다. 世尊하 何以故오 佛說非身일새
是名 大身이니이다.

피안으로 건너가는 다리
티베트의 침략을 막아낸 파로종으로 건너가는 다리 오른편에
는 이곳에 상주한다는 밀교의 창시자 연화생파드마삼바바이 그
려져 있다.(부탄 파로 '린첸풍 종'보석더미 위의 성 Rinpung Dzong)

16. 갠지스강의 모래 I

세존 좋구나! 수보리야! 만약에 요 앞의 갠지스강에 있는 모
래만큼 많은 갠지스강이 더 있다면 말이다. 그만큼 많은
강들에 있는 모래들을 모두 다 합쳐서 세어보면 그것도
많다고 해도 되겠느냐?

수보리 그럼요. 매우 많습니다. 세존이시여! 갠지스강에 있는
모래의 수만 해도 엄청날 텐데, 하물며 그 수만큼의 강
들에 있는 모래들을 모두 다 합치면, 헤아릴 수도 없고 헤아
릴 필요도 없이 많을 텐데 그 수는 굳이 헤아려서 무엇하겠습
니까?

세존 수보리야! 이번에는 좀 더 진지하게 다시 이야기해 보자.
어떤 선한 남자와 선한 여인들이 갠지스강의 모래만큼
많은 삼천대천세계를 가득 채울 만큼의 칠보를 보시했
다면, 그럼 그들이 얻을 복덕이 많다고 해도 되겠느냐?

수보리 네. 세존이시여! 매우 많습니다.

須菩提야 如 恒河中所有沙數하야 如是沙等恒河 於意云何오
是諸恒河沙寧爲多不아.

須菩提 言하사대 甚多니이다 世尊하. 但諸恒河도 尚多無數은
何況其沙리이까.

須菩提야 我今에 實言으로 告汝하노니 若有善男子善女人이 以
七寶로 滿爾所恒河沙數三千大千世界하야 利用布施하면 得福
이 多不아.

須菩提 言하사대 甚多니이다 世尊하.

연등불의 불국토
네팔 카트만두를 찾을 때면 어김없이 찾는 순례지 보다나트 대탑 위로 또 하루의 태양이 머물며, 석가모니부처께 수기를 준 연등불을 따사로이 호위하고 있다.(네팔 카트만두 보다나트^{UNESCO 세계문화유산})

17. 수지독송의 복덕 Ⅱ

세존   수보리야! 어떤 선한 남자나 선한 여인들이 이 금강경 가르침 가운데 단지 몇 구절만이라도 수지독송하고 있다가 도움이 필요한 사람을 위해 전한다면 말이다. 이 복덕이 앞의 칠보를 보시한 복덕보다 훨씬 더 낫다.

다시 말해서, 수보리야! 금강경 몇 구절만이라도 전한다면 말이다. 모든 삼천대천세계의 천인·인간·아수라들이 바로 그와 그 회상을 과거 부처들의 사리를 모신 부도탑처럼 공경할 것임을 알아야 한다.

수보리야! 하물며 어떤 사람이 이 가르침 몇 구절이 아니라 전부 통째로 다 잘 수지독송한다면 말이다. 이 사람은 아뇩다라삼먁삼보리법을 성취할 것임을 알아야 한다. 아울러 이 가르침이 펼쳐지는 곳 또는 펼쳐졌던 곳이라면, 그곳에는 삼세의 부처들께서 나타나 가르침을 듣거나 수지독송하는 제자들을 존중해 줄 것이다.

佛告 須菩提야 若善男子善女人이 於此經中에 乃至 受持四句偈等 히야 爲他人說하면 此福德이 勝前福德하리라.

復次 須菩提야 隨說是經하대 乃至 四句偈等하면 當知此處는 一切世間天人阿修羅 皆應供養호대 如佛塔廟어늘 何況有人이 盡能受持讀誦이야다녀.

須菩提야 當知是人은 成就最上第一稀有之法이니 若是經典所在之處는 卽爲有佛과 若尊重弟子니라.

법을 찾는 학구열
요사채의 좁은 방안에서 한 라마가 온갖 경전을 다 펼쳐놓고
그 '사구게'를 찾고 있다.(인도 라닥 레 헤미스 곰파)

18. 금강반야바라밀경의 이름

수보리 세존이시여! 우리들은 이 가르침을 어떤 이름으로 받들
며 수지독송하면 좋겠습니까?

세존 수보리야! 이 가르침은 금강반야바라밀경다이아몬드같이 단
단한 지혜로 무명의 어리석음을 끊고 열반의 저 언덕彼岸으로 건너갈 수
있는 법이라고 이름 붙일 수 있다. 그런데 이미 몇 번이나 말했
음에도 불구하고 그대들은 왜 이 이름을 굳이 받들려고 하느
냐? 그럴 필요가 없다. 수보리야! 방금 내가 말한 금강반야바
라밀이라고 한 것 역시 이미 그 반야바라밀의 실상이 아
니다. 다만 그 이름만 금강반야바라밀경이라고 붙인 것일 따름이다.

爾時에 須菩提 白佛言하사대 世尊하 當何名此經이며 我等이
云何奉持하리까.

佛告 須菩提하사대 是經은 名爲金剛般若波羅蜜이니 以是名字
로 汝當奉持하라. 所以者何오 須菩提야 佛說般若波羅蜜이 卽
非般若波羅蜜이다.

찡그러진 얼굴

안나푸르나 라운드 서킷을 하며 마낭으로 향하는 길에는 늘 산사태의
위험이 도사리고 있다. 찡그리고 있는 듯한 표정을 짓고 있는 SUV의
얼굴이 참으로 기이하다.(네팔 안나푸르나보호지구ACAP 고토koto)

19. 설법했다는 상

세존　수보리야! 여래께서 이 금강반야바라밀경의 법을 설했다는 상을 가졌다고 여기느냐?

수보리　세존이시여! 여래께서는 이 법을 설하셨다고 한 적조차 없습니다.

須菩提야 於意云何오 如來 有所說法不아.

須菩提 白佛言하사대 世尊하 如來無所說이니다.

119

오래된 폐허 마낭 마을이 바로 코앞인 이웃마을 브레카에는 과거 이렇게 큰 사찰이 있었다.
얼마 전 지진 등으로 폐허가 되어 버린 사원마을을 지나 올라간 언덕에서 바라
본 모습이 더욱 허망하게 느껴졌다.(네팔 안나푸르나보호지구ACAP 브레카 곰파)

20. 삼천대천세계의 티끌 I

세존 　수보리야! 삼천대천세계에 있는 티끌이 많다고 해도 되
　　　겠느냐?

수보리 네. 매우 많습니다. 세존이시여!

세존 　수보리야! 앞서 말한 티끌이란 말은 여래께서 말씀하신 그
　　　런 티끌의 실상이 아니라 방편으로 티끌이라 이름만 붙인
　　　것일 따름이다. 여래께서 말했다는 삼천대천세계 역시 눈에
　　　보이는 그런 세계가 아니라 삼천대천세계라고 이름만 붙인
　　　것일 따름이다.

須菩提야 於意云何오 三千大千世界 所有微塵이 是爲多不아.

須菩提 言하사대 甚多니이다. 世尊하.

須菩提야 諸微塵을 如來 說非微塵일세 是名微塵이며 如來 說世界가 非世界일새 是名世界니이다.

독야청청

마치 적의 공격을 막는 수로인 해자垓子를 두른 듯, 강으로 둘러
싸인 곰파의 모습이 참으로 요새답다. 산과 강에 의존해서 지키
려고 했던 것은 과연 불법일까?(인도 라다크 레 스탁나 곰파)

21. 여래의 겉모습과 실상 II

세존   수보리야! 그대 생각에 어떠하냐? 32상으로 여래를 알
아볼 수 있겠느냐?

수보리   아닙니다. 세존이시여! 겉모습의 32상으로는 청정법신인 여
래를 알아보지 못합니다. 왜냐하면 여래께서 말씀하신
그 32상은 곧 겉모습 등의 상相이 아니라 방편으로 이름만
32상이라고 붙인 것일 따름입니다.

須菩提야 於意云何오 可以三十二相으로 見如來不아.

不也니이다. 世尊하 不可以三十二相으로 得見如來니 何以故
오. 如來 說三十二相이 卽是非相일새 是名三十二相이니이다.

설산의 콧수염
수많은 희생자를 낸 히운출리봉이 ABC를 찾아온 등산객들에
게 구름과 햇빛으로 콧수염을 만들어 화답하고 있다.(네팔 안
나푸르나베이스캠프)

22 갠지스강의 모래 II

세존 수보리야! 어떤 선한 남자와 선한 여인들이 갠지스강의
모래만큼 많은 목숨을 보시했다고 해보자. 또 다른 어떤
사람은 이 가르침 가운데 몇 구절만이라도 수지독송하
다가 다른 사람을 위해서 설법했다고 해보자. 이 둘 가
운데 누구의 복이 더 많겠느냐? 금강경을 전한 그 복이
저 목숨을 보시한 복보다 비교할 수 없을 정도로 훨씬 더
많다.

비로소 수보리가 부처의 금강경 가르침의 그 큰 뜻과 취지를
깊이 이해하게 되었다. 기쁨법열과 감동으로 참회의 눈물을 펑
펑 흘린다.

須菩提야 若有善男子善女人이 以恒河沙等身命으로 布施하고
若復有人이 於此經中에 乃至受持四句偈等하야 爲他人說하면
其福甚多니라.

爾時에 須菩提 聞說是經하사옵고 深解義趣하야 涕淚悲泣하고
而白佛言하대.

어린이들의 행진
초등학교 저학년 학생들의 체육시간이다. 운동장을 도는 각기
다른 모습이 앙증스럽다. (네팔 안나푸르나보호지구ACAP 담푸스)

23. 아상·인상·중생상·수자상 Ⅳ

수보리 감사합니다. 위대한 세존이시여! 제가 예전에 지혜의 눈 혜안慧眼을 얻은 이후로 들은 부처님의 법문 가운데 지금 말씀하신 가르침이 가장 대단하다고 감히 말씀드리고자 합니다.

세존이시여! 어떤 사람이 이 가르침을 듣고 믿음이 깨끗해지면 세상의 참된 모습실상實相을 볼 것입니다. 그리고, 이 사람은 제일 희유한 복덕을 성취한 사람일 것입니다. 세존이시여! 제가 방금 말씀드린 참된 모습이란 것도 이미 그 참된 모습이 아닐 것입니다. 그래서 여래께서는 이름만 참된 모습이라고 붙인 것일 따름입니다.

稀有世尊하 佛說如是甚深經典은 我從昔來 所得慧眼으로도
未曾得聞如是經호이다.
世尊하 若復有人이 得聞是經하고 信心淸淨하면 則生實相하리
니 當知是人은 成就第一稀有功德이니이다. 世尊하 是實相者는
則是非相일새 是故로 如來說名實相이니이다.

수보리 세존이시여! 제가 지금 이 근본 가르침을 듣고, 깨끗한 믿음을 내고 깊이 이해하고 잘 수지독송하기는 어렵지 않습니다. 그러나 부처께서 열반에 드신 뒤 500년 후에는 이야기가 다릅니다. 어떤 한 중생이라도 이 가르침을 듣고 믿음을 내고 깊이 이해하여 수지독송하기는 어려울 듯합니다. 그럼에도 불구하고 그런 사람이 있다면, 이 사람이야말로 제일 위대한 아뇩다라삼먁삼보리법을 얻게 될 사람이라고 할 수 있습니다. 왜냐하면, 이 사람은 아상은 물론 인상과 중생상 그리고 수자상이 다 없어졌기 때문입니다. 물론 아상·인상·중생상·수자상은 모두 실상도 아닙니다. 이와 같이 모든 상이 다 사라졌다면 이 분이 부처가 아니면 다른 누구를 부처라고 할 수 있겠습니까?

世尊하 我今得聞如是經典하사옵고 信解受持는 不足爲難이어
니와 若 當來世後五百歲에 其有衆生이 得聞是經하고 信解受
持하면 是人은 卽爲第一稀有니 何以故오. 此人은 無我相無人
相無衆生相 無壽者相이니이다. 所以者何오. 我相 卽是非相이
며 人相衆生相壽者相이 卽是非相이니 何以故오. 離一切相이
卽名諸佛이니이다.

요새화된 수도원
좀손에서 묵티나트로 향하는 길에 자리잡은 한 곰파의
모습이 마치 유럽의 요새와 같이 언덕 위에 군림하고
있다.(네팔 안나푸르나보호지구^{ACAP} 자르콧)

24. 제일바라밀

세존 옳거니 옳다. 어떤 사람이 이 가르침을 듣고 놀라서 겁내
거나 두려워하지 않는다면 말이다. 이 사람은 아뇩다라삼
막삼보리를 성취한 참으로 보기 드문 위대한 사람인 줄 알아
야 한다. 왜냐하면 수보리야! 여래께서 말했다는 육바라밀
가운데 제일의 바라밀은 이미 그 제일바라밀의 실상이 아니
기에 그 이름만 방편으로 제일바라밀이라고 붙인 것일 따름
이다.

佛告須菩提하사대 如是如是하니라. 若復有人이 得聞是經하고 不驚不怖不畏하면 當知 是人은 甚爲稀有니 何以故오 須菩提야 如來 說第一波羅蜜이 卽非第一波羅蜜일새. 是名第一波羅蜜이다.

낯설지만 흔한 풍경
오래된 미래의 고장인 라다크의 모든 사원을 찍으면 누
구나 이 정도 화질의 작품은 뽑을 수 있을 듯하다.(인도
라닥 틱쉐 곰파)

25. 아상·인상·중생상·수자상 V: 인욕바라밀

세존   수보리야! 여래께서 말했다는 인욕바라밀은 역시 이름 만으로, 방편으로 인욕바라밀이라고 붙인 것일 따름으로 진정한 인 욕바라밀의 실상이 아니다. 수보리야! 전생에 가리왕이 내 몸을 갈기갈기 찢었던 적이 있었다. 그 처참했던 당시 에 나는 아상도 없었고 인상과 중생상, 그리고 수자상 등 그 아무런 상이 없었다. 왜냐하면, 내가 전생에 사지가 갈 기갈기 찢겨질 때에 아상·인상·중생상·수자상 가운데 아무것이나 단 하나라도 있었다면 분명 화를 내며 억울해 했을 것이기 때문이다. 수보리야! 이와 같이, 전생에 인 욕선인인욕바라밀을 했던 선인이었던 때에도 아상·인상·중 생상·수자상은 없었다.

144

須菩提야 忍辱波羅蜜을 如來 說非忍辱波羅蜜이니 何以故오
須菩提야 如我 昔爲歌利王에 割截身體할새 於我爾時에 無我
相하며 無人相하며 無衆生相하며 無壽者相일러니라. 何以故오
我於往昔 節節支解時에 若有 我相人相衆生相壽者相이런들
應生瞋恨일러니라. 須菩提야 又念過去於五百世에 作忍辱仙人
하야 於爾所世에 無我相하며 無人相하며 無衆生相하며 無壽者
相일러니라.

밀라래파의 설산
저 멀리 히말라야 안나푸르나 3봉 아래에 밀라래파 곰파와 그
수행동굴이 보인다.(네팔 안나푸르나보호지구ACAP 브레카 곰파)

26. 무주상보시 II

세존 수보리야! 보살은 모든 상을 여의기에 아뇩다라삼먁삼
보리를 구하는 마음을 내는 것이다. 색·성·향·미·촉·법
이라는 여섯 가지 먼지인 육진六塵에 마음을 두어서는 안 된다.
그래야 그 어디에도 마음을 두지 않고 아뇩다라삼먁삼보리의
마음을 내게 된다. 잠시라도 마음을 두는 다른 곳이 생기
면 바로 알아차려서 그곳에 마음을 두지 않도록 애써야 한
다. 그래서 여래께서는 '보살은 마음을 때깔이나 모양새와 같
은 색에 머물러서 보시해서는 안 된다.'고 하신 것이다.
수보리야! 보살들은 이와 같이 모든 중생을 이롭게 하기
위해서 늘 보시하려고 해야 한다보리행. 여래께서 말씀하셨
다는 모든 상이란 것도 이미 그 실상이 아니며, 모든 중
생 또한 이미 그 중생의 실상이 아니다.

是故로 須菩提야 菩薩은 應離一切相하고 發阿耨多羅三藐三
菩提心이니 不應住色生心하여 不應住聲香味觸法生心이요 應
生無所住心이다. 若心有住하면 卽爲非住니 是故로 佛說 菩薩
은 心不應住色布施라하노라. 須菩提야 菩薩이 爲 利益一切衆
生하야 應如是布施니 如來 說一切諸相이 卽是非相이라하며 又
說一切衆生이 卽非衆生이라하노라.

청정한 신심
티베트 양식이 반영된 옛 카슈미르 양식이 남아 있는 천년
의 역사를 가진 유일한 사원을 찾은 신도들의 얼굴에는 환
희심이 가득하다.(인도 라다크 알치곰파)

27. 법에도 머물지 않는 보시

세존 수보리야! 여래께서는 참되고 진실되고 여법한 말을 하
며, 남을 속이지 않으며, 말을 바꾸는 그런 한 입에 다른 두 말
도 하지 않으신다. 그러니 제대로 들어야 한다. 수보리야! 여
래께서 얻었다는 그 아뇩다라삼먁삼보리법은 이미 그 실상
이 아니지만 그렇다고 허상이라고 할 수도 없다.

수보리야! 보살이 아뇩다라삼먁삼보리법에 머물러서 보시
하는 마음을 낸다고 한다면 이는 마치 어두운 곳에 들어
간 사람이 아무것도 보지 못하는 것과 같다. 어떤 보살이
아뇩다라삼먁삼보리법에 머물렀다는 상조차 내지 않고 보
시를 한다면, 이는 마치 어두운 곳에 들어간 사람이 눈빛안광으
로 모든 사물을 밝게 비춰 모든 색을 다 보게 하는 것과
같다.

須菩提야 如來는 是 眞語者며 實語者며 如語者며 不誑語者
며 不異語者라니. 須菩提야 如來 所得法은 此法이 無實無虛
하니라.

須菩提야 若 菩薩이 心住於法하야 而行布施하면 如人이 入闇
에 則無所見이요 若菩薩이 心不住法하야 而行布施하면 如人有
目에 日光明照하야 見種種色이다.

금란지지
안나푸르나 3봉 아래 밀라레파 곰파로 가는 길 오른편 가
파른 경사지의 깊은 땅속에는 참으로 복된 땅金蘭之地이 감
춰져 있다.(네팔 안나푸르나보호지구ACAP 마크라)

28. 갠지스강의 모래 III

세존 수보리야! 미래에 어떤 선한 남자와 선한 여인들이 능히 이 가르침을 수지독송하면 말이다. 이들 모두가 한량없고 끝없는 복덕을 이룰 것이다. 왜냐하면 부처의 지혜를 지닌 여래께서는 처음부터 끝까지 모두 다 알고 다 볼 수 있기에 말씀하실 수 있다.

수보리야! 다시 말해서, 어떤 선한 남자나 선한 여인들이 매일 아침·점심·저녁 세 번씩 갠지스 강의 모래만큼 많은 목숨을 보시했다고 하자. 아니, 나아가 한량없는 백·천·만겁 동안 매일 이와 같이 목숨을 보시했다고 해보자. 또 다른 어떤 사람은 이 근본적인 가르침을 듣고 거부하지 않고 깨끗한 믿음을 내면 말이다. 이 복이 앞서 목숨을 보시한 복보다 훨씬 더 크다. 하물며 이 가르침을 수지독송하다가 남에게 풀어서 설명까지 한다면 그 복덕을 더 말해서 무엇하겠는가?

수보리야! 다시 말해서, 이 가르침에는 이루 다 헤아릴 수도 없이 많은 복덕이 있다. 여래께서는 상구보리 하화중생이라는 보살도의 대승불법의 최상승인 보리행을 위하여 이 가르침을 몇 번이나 거듭해서 말씀하셨다.

須菩提야 當來之世에 若有善男子善女人이 能於此經에 受持
讀誦하면 則爲如來 以佛智慧로 悉知是人하며 悉見是人하나니
皆得成就 無量無邊功德하나니라.

須菩提야 若有 善男子善女人이 初日分에 以恒河沙等身으로
布施하고 中日分에 復以恒河沙等身으로 布施하고 後日分에 亦
以恒河沙等身으로 布施하야 如是 無量百千萬億劫에 以身布
施하야도 若復有人이 聞此經典하고 信心不逆하면 其福이 勝彼
어늘 何況書寫受持讀誦爲人解說이야따녀.

須菩提야 以要言之컨대 是經은 有 不可思議 不可稱量 無邊功
德하니 如來 爲發大乘者說이며 爲發最上乘者說이다.

세존 어떤 사람이 이 가르침을 수지독송하다가 널리 사람들을 위해 전했다면 말이다. 이 사람은 이루 다 헤아릴 수 없는, 상상조차 못할 정도로 많은 복덕을 이룰 것이며, 여래의 아뇩다라삼먁삼보리를 짊어질 것임을 여래께서는 다 알고 다 보셨다. 왜냐하면 수보리야! 소승불법을 좋아하는 이는 아상·인상·중생상·수자상의 견해에 집착하여, 이 가르침을 수지독송하지도 그리고 남에게 전하지도 않을 것이기 때문이다.

수보리야! 이 가르침이 전해지는 곳이면 그 어디라도 부처들을 모신 부도탑처럼, 모든 하늘사람·세상사람·아수라들이 꽃과 향을 뿌리며 공양을 올리고 모두가 공경히 합장하고 탑돌이를 할 것이다.

158

若有人이 能 受持讀誦하며 廣爲人說하면 如來 悉知是人하며 悉見是人하나니 皆得成就不可量不可稱無有邊不可思議功德이니 如是人等은 卽爲 荷擔如來阿耨多羅三藐三菩提니라. 何以故오 須菩提야 若樂小法者는 着 我見人見衆生見壽者見일새 卽於此經에 不能聽受讀誦爲人解說하리라.

須菩提야 在在處處에 若有此經하면 一切世間天人阿修羅의 所應供養이니 當知此處는 卽爲是塔이라. 皆應恭敬作禮圍繞하야 以諸華香으로 而散其處하리라.

삼인삼색
아름다운 들판붐탕에 티베트 송첸감포Songtsen Gampo왕이 하루
만에 만든 잠파 곰파미륵사원를 세 명의 신자가 시계방향으로
돌고 있다.(부탄 붐탕 자카르 잼비 라강)

29. 수지독송의 복덕 Ⅲ

세존 또, 수보리야! 선한 남자나 선한 여인들이 이 가르침을 수지독송했음에도 불구하고 지금 복을 받지 않고 오히려 남에게 무시와 천대를 받는다면 말이다. 이 사람은 전생에 지은 죄업으로 다음 생에 지옥 등의 악도에 떨어졌어야 했다. 그렇지만, 이번 생에서 사람들에게 무시와 천대를 미리 받은 덕분에 전생의 죄업이 모두 소멸되어 분명 아뇩다라삼먁삼보리를 얻을 것이다.

수보리야! 기억하건대, 나는 연등불을 만나기 전까지 전생의 한량없는 4억3천2백만 년 동안 말이다. 8백4천만억×천억의 헤아릴 수 없이 많은 부처를 만났지만, 모두 부처들께 공양드리며 받들어 섬겼으며, 단 한 번도 그냥 지나친 적이 없었다. 이와 같이 내가 다른 부처들께 공양한 헤아릴 수 없이 많은 복덕으로도 말세에 이 가르침을 수지독송한 사람이 얻는 복덕과 비교하면, 백·천·만·억 아니 조·경·해 나아가 무량대수 분의 1에도 미칠 수 없을 정도로 보잘것없이 작다.

復次 須菩提야 善男子善女人이 受持讀誦此經호대 若 爲人輕賤하면 是人은 先世罪業으로 應墮惡道어늘 以今世人이 輕賤故로 先世罪業이 即爲消滅하고 當得阿耨多羅三藐三菩提하리라. 須菩提야 我念過去 無量阿僧祇劫호니 於然燈佛前에 得値八百四千萬億那由他諸佛하야 悉皆供養承事호대 無空過者호라. 若復有人이 於後末世에 能受持讀誦此經하야 所得功德으론 於我所供養 諸佛功德에 百分에 不及一이며 千萬億分乃至算數比喩로 所不能及이다.

세존 수보리야! 어떤 선한 남자와 선한 여인들이 말세에 이 가르침을 수지독송한 사람의 복덕을 내가 모두 말하면 말이다. 다른 그 어떤 것과 비교해도 이게 너무나 커서 이 말을 듣는 이의 마음은 미칠 정도로 혼란스러워지게 된다. 그래서, '에이 그래도 이건 정말 아니지!'라며 마치 여우처럼 의심하며 믿으려고도 하지 않을 것이다. 수보리야! 그럼에도 불구하고 이 가르침은 그 어떤 큰 뜻이나 과보인과응보가 아무리 생각해도 상상할 수 없을 정도로 정말 매우 크다는 것을 알아야 한다.

須菩提야 若善男子善女人이 於後末世에 有 受持讀誦此經하
는 所得功德을 我若具說者인댄 或有人이 聞하면 心則狂亂하야
狐疑不信하리라. 須菩提야 當知하라. 是經은 義도 不可思議며
果報도 亦不可思議니라.

열중하지 않는 사람
지나가는 관광객에 아랑곳하지 않고 스승의 말씀에 귀를
기울이고 있는 라마승들의 모습이 참으로 아름답다.(티베트
라싸 간덴사원)

30. 아상·인상·중생상·수자상 VI: 중생 제도

수보리 세존이시여! 잘 이해하지 못한 다른 중생들을 위해 다시 한번 같은 질문을 올립니다. 아뇩다라삼먁삼보리를 얻고자 마음을 내려는 어떤 선한 남자와 선한 여인들이 어디에 머물러야 합니까? 그리고 만약 잘못 머물렀다면 거기에 머문 그 마음을 어떻게 항복시키고 다스려야 합니까?

세존 선한 남자나 선한 여인들이 아뇩다라삼먁삼보리의 마음을 내었다면 말이다. '내가 모든 중생을 열반에 이르도록 제도하겠다.'라는 마음을 꼭 내야 한다고 전해야 한다. 하지만, 이후에라도 모든 중생을 하나도 남김없이 제도했다는 상이 생긴다면, 실제로는 어느 한 중생도 제대로 제도하지 못한 것이라는 것도 함께 전해야 한다. 수보리야! 왜냐하면 보살이 아상·인상·중생상·수자상이 있으면 참 보살이라고 할 수 없기 때문이다. 참 보살이 아니라면 중생을 제도할 수도 없을 것이다. 정말로 법을 얻었다는 상조차도 없어져야 아뇩다라삼먁삼보리의 마음을 내어 참된 보살이 되기 때문이다.

爾時에 須菩提 百佛言하대 世尊하 善男子善女人이 發阿耨多
羅三藐三菩提心하니는 云何應住며 云何降伏其心하리있가.

佛告 須菩提하사대 善男子善女人이 發阿耨多羅三藐三菩提者
는 當生如是心호대 我應滅度一切衆生하리라 하라. 滅度一切衆
生己하야는 而無有一衆生도 實滅度者니 何以故오. 須菩提야
若菩薩이 有 我相人相衆生相壽者相이면 卽非菩薩이다. 所以
者何오 須菩提야 實無有法 發阿耨多羅三藐三菩提心者니라.

물아일체物我一體
들판에서 일하다가 들꽃과 함께 잠시 잠든 할머니의 모습이 명상
속에서 자연과 하나가 된 것처럼 왠지 더 자연스럽다.(부탄 팀부)

31. 연등불의 수기 Ⅱ

세존   수보리야! 여래께서 '연등불로부터 아뇩다라삼먁삼보리법을 얻게 될 것이라는 수기를 받았다.'라고 한 적이 있었더냐?

수보리   아닙니다. 세존이시여! 말씀의 큰 뜻을 살펴보건대, 부처님께서는 '연등불로부터 아뇩다라삼먁삼보리법을 얻게 될 것이라는 수기를 받았다.'라고 말씀하신 적이 없습니다.

세존   옳거니 옳다. 수보리야! 나는 연등불로부터 아뇩다라삼먁삼보리법을 얻게 될 것이라는 수기를 받았다고 한 적이 없다. 만약 했다면 연등불께서 내게 '그대가 다음 생에 부처가 되어 석가모니라고 불리게 되리라!'라는 수기를 주시지도 않았을 것이다. 진실로 아뇩다라삼먁삼보리법을 얻을 것이라는 상이 없었기 때문에, 아뇩다라삼먁삼보리를 얻을 수 있었다. 이런 까닭에 연등불이 '그대가 다음 생에 부처가 되며 석가모니라 불려지리라.'라고 내게 수기하신 것이다.

須菩提야 於意云何오 如來 於然燈佛所에 有法得 阿耨多羅三
藐三菩提不아.

不也니이다. 世尊하 如我解 佛所說義건대 佛이 於然燈佛所에
無有法得阿耨多羅三藐三菩提니이다.

佛言 如是如是 須菩提야 若有法如來 得阿耨多羅三藐三菩提
者인댄 然燈佛이 則不與我授記하사대 汝於來世에 當得作佛하
리니 號를 釋迦牟尼라 하라하시련마는 以 實無有法得阿耨多羅
三藐三菩提일새 是故로 然燈佛이 與我授記하사 作 是言하사대
汝於來世에 當得作佛하리니 號를 釋迦牟尼라 하라하시니라.

아! 포탈라
1990년대 중반까지만 해도 티베트 사람들이 중국인(漢人)보다 더 많
았던 것 같다. 지금은 서장西藏으로 몰려든 중국인의 수가 불어났고
여전히 달라이라마는 이곳에 없다.(티베트 라싸 포탈라궁)

32. 모든 법은 부처의 뜻대로

세존 여래란 모든 법이 부처의 큰 뜻대로 된다는 의미이다. 어떤 사람은 '여래께서 아뇩다라삼먁삼보리를 얻었다.'라고 한다. 그러나 수보리야! 여래께서 얻은 아뇩다라삼먁삼보리는 바로 이 중도中道에 있기에, 실상도 아니지만 그렇다고 허상도 아니다. 그러므로 여래께서는 '이 모든 법이 다 부처의 법큰 뜻대로 된다.'고 한 것이다. 수보리야! 방금 말한 '모든 법'이란 곧 이미 그 모든 법의 실상이 아니라, 그 이름만 방편으로 모든 법이라고 붙인 것일 따름이다. 수보리야! 어떤 사람의 몸이 수미산왕처럼 장대하다는 비유도 이와 다르지 않다.

수보리 세존이시여! 여래께서 방금 말씀하신 '어떤 사람의 몸이 수미산왕처럼 장대하다'는 것은 이미 그 장대한 몸의 실상이 아니라, 그 이름만 방편으로 큰 몸이라고 붙인 것일 따름입니다.

何以故오 如來者는 卽諸法如義니라. 若有人이 言하대 如來得
阿耨多羅三藐三菩提라하나 須菩提야 如來所得阿耨多羅三藐
三菩提는 於是中에 無實無虛하니라. 是故로 如來 說一切法이
皆是佛法이라하노라. 須菩提야 所言一切法者는 卽非一切法일
새 是故로 名 一切法이다. 須菩提야 譬如人身長大니라.

須菩提 言하사대 世尊하 如來說 人身長大 卽爲非大일새 是名
大身이니이다.

긴 염주 짧은 염주
참배하러 나온 할머니들이 무념무상으로 굴리는
염주에도 수지독송의 의미가 깃들어 있다.(네팔 카
트만두 보다나트^{UNESCO 세계문화유산})

33. 아상·인상·중생상·수자상 Ⅶ: 참된 보살

세존　수보리야! 보살도 역시 이와 다르지 않다. 보살이 만약 '내가 한량없는 중생을 열반에 들도록 제도했다.'고 생색 내듯 상을 가지고 떠들었다면, 보살이라고 이름조차 붙이지 않았을 것이다. 왜냐하면 수보리야! 진실로 법을 얻은 적이 있다는 상을 가지고 있지 않기 때문에 보살이라고 할 수 있다. 그러므로 여래께서 '모든 법을 얻었다는 등의 아상·인상·중생상·수자상이 없어야 한다'라고 한 것이다. 수보리야! 만일 보살이 '내가 불국토를 장엄했다'는 상을 가졌다면, 보살이라고 이름조차 붙이지 않았을 것이다. 왜냐하면, 여래께서 말씀하신 우리가 사는 불국토를 아름답게 보이게 한다는 장엄은 말한 즉시 이미 그 장엄의 실상이 아닌 것이 된다. 하지만, 그 이름만 방편으로 장엄이라고 붙인 것일 따름이기 때문이다. 수보리야! 만일 보살이 나라는 것도 없고 법이라는 것도 따로 없음을 통달하게 되면 말이다. 여래께서는 그를 참된 보살이라 불렀을 것이다.

須菩提야 菩薩도 亦如是하야 若作是言하대 我當滅度無量衆生이라하면 則不名菩薩이다. 何以故오 須菩提야 實無有法 名爲菩薩일새니라. 是故로 佛說 一切法이 無我無人無衆生無壽者라하노라. 須菩提야 若菩薩이 作是言하대 我當莊嚴佛土라하면 是 不名菩薩이니 何以故오 如來 說莊嚴佛土者 는 卽非莊嚴일새 是名莊嚴이다. 須菩提야 若菩薩이 通達無我法者는 如來 說名眞是菩薩이다.

좌불안석坐佛安席
부탄의 어디를 가도 남성 전통복장인 고여자는 카라를 입
고 편하게 앉아서 염주나 마니차를 돌리는 승려들과 재가
불자들의 모습을 쉽게 찾을 수 있다.(부탄 팀부)

34. 육안을 가진 여래

세존   수보리야! 여래께서 육안_{중생과 같은 육체의 눈을} 가졌다고 여기느냐?

수보리 그렇습니다. 세존이시여! 여래께서 육안을 가지셨습니다.

세존   수보리야! 여래께서 천안_{가려지거나 먼 곳을 볼 수 있는 눈을} 가졌다고 여기느냐?

수보리 그렇습니다. 세존이시여! 여래께서 천안을 가지셨습니다.

세존   수보리야! 여래께서 혜안_{진리를 밝혀 보는 지혜의 눈을} 가졌다고 여기느냐?

수보리 그렇습니다. 세존이시여! 여래께서 혜안을 가지셨습니다.

세존   수보리야! 여래께서 법안_{법계를 두루 볼 수 있는 눈을} 가졌다고 여기느냐?

수보리 그렇습니다. 세존이시여! 여래께서 법안을 가지셨습니다.

세존   수보리야! 여래께서 불안_{궁극적인 깨달음을 얻은 부처의 눈을} 가졌다고 여기느냐?

수보리 그렇습니다. 세존이시여! 여래께서 불안을 가지셨습니다.

須菩提야 於意云何오 如來 有肉眼不아

如是니이다. 世尊하 如來 有肉眼이니이다.

須菩提야 於意云何오 如來 有天眼不아

如是니이다. 世尊하 如來 有天眼이니이다.

須菩提야 於意云何오 如來 有慧眼不아

如是니이다. 世尊하 如來 有慧眼이니이다.

須菩提야 於意云何오 如來 有法眼不아

如是니이다. 世尊하 如來 有法眼이니이다.

須菩提야 於意云何오 如來 有佛眼不아

如是니이다. 世尊하 如來 有佛眼이니이다.

파안대소破顏大笑
오랜만에 자신을 찾아온 친구를 맞이하러 반갑게 급히 내려오는
라마승의 얼굴이 정말 환하다.(인도 라닥 레 헤미스 곰파)

35. 갠지스강의 모래 IV

세존   수보리야! 갠지스강에 있는 모래를 부처께서 이 모래라
　　　고 말씀했느냐?

수보리 그렇습니다. 세존이시여! 여래께서 이 모래라고 말씀하
　　　셨습니다.

세존   수보리야! 갠지스강에 있는 이 모래만큼의 갠지스강이
　　　더 있고, 이 강들에 있는 모래만큼 많은 부처의 세계가
　　　더 있다면 말이다. 이런 부처의 세계는 매우 많다고 해도
　　　되겠느냐?

수보리 네, 매우 많습니다. 세존이시여!

須菩提야 於意云何오 如 恒河中所有沙를 佛說是沙不아.

如是니이다 世尊하 如來 說是沙니이다.

須菩提야 於意云何오 如一恒河中所有沙하야 有 如是沙等恒
河하면 是諸恒河 所有沙數佛世界 如是寧爲多不아.

甚多니이다. 世尊하.

무소의 뿔
살아 있는 부처툴쿠가 연 법회로 탑 주위를 가득 메운 승려들
사이로 한 재가신자가 조심스레 걸어가고 있다. (네팔 카트만
두 보다나트UNESCO 세계문화유산)

36. 과거 · 현재 · 미래의 마음

세존　이와 같이, 부처의 가르침을 만날 수 있는 헤아릴 수 없이 많은 불국토에 사는 한없이 많은 중생들의 모든 마음을 여래께서 다 안다고 할 수 있다. 왜 이런 말을 하는가 하면 여래께서 말씀하신 모든 마음이란 이미 그 많은 모두의 마음의 실상이 아니라, 그 이름만 방편으로 마음이라고 붙인 것일 따름이라는 것을 몇 번이나 말했기 때문이다. 수보리야! 과거의 마음도, 현재의 마음도, 미래의 마음도 그 실상은 얻을 수 없는 것임을 알아야 한다.

佛告 須菩提하사대 爾所國土中所有衆生의 若干種心을 如來
悉知하나니 何以故오 如來 說諸心이 皆爲非心일새 是名爲心이
다 所以者何오. 須菩提야 過去心도 不可得이며 現在心도 不可
得이며 未來心도 不可得이다.

낯설지 않은 구경거리
네팔 시내에는 수많은 노점상들이 있다. 큰 길 노상에서 칼을
가는 2인조와 그 둘을 구경하는 사람들의 모습이 왠지 낯설지
않다.(네팔 카트만두 타멜)

37. 삼천대천세계의 티끌 Ⅱ

세존 수보리야! 어떤 사람이 삼천대천세계를 가득 채울 만큼
      의 칠보를 보시한다면 말이다. 이 사람이 이 인연으로 얻
      을 복덕이 많다고 해도 되겠느냐?

수보리 네. 그렇습니다. 세존이시여! 이 사람이 이 인연으로 얻
      는 복덕이 매우 많다고 할 수 있습니다.

세존 수보리야! 복덕의 실상이 진실로 있는 것이라면 여래께서
      굳이 얻을 복덕이 많다고 말씀하지도 않았을 것이다. 복
      덕이 실제로는 없는 것임을 알지만 여래께서 방편으로 중생들
      에게 복덕이 많다고 말씀한 것일 따름이다.

須菩提야 於意云何오 若有人이 滿三千大千世界七寶로 以用 布施하면 是人이 以是因緣으로 得福이 多不아.

如是니이다 世尊하 此人이 以是因緣으로 得福이 甚多니이다.

須菩提야 若福德이 有實인댄 如來不說得福德多이니와 以福德 이 無故로 如來 說得福德多니라.

우아한 신체神體
스리나가르에서 까르길로 가는 길목에서 바라본 산의
모습이 범상치 않다. 마치 우리 금강산처럼 신들이 깃들
어 있다.(인도 발탈baltal)

38. 여래의 겉모습과 실상 Ⅲ

세존   수보리야! 화신인 부처의 80종호라는 신체적 특징을 모두
       갖췄다면 여래라고 해도 되겠느냐?

수보리 안 됩니다. 세존이시여! 부처의 신체적 특징을 모두 갖
       췄다고 해도 법신인 여래라고 할 수는 없습니다. 왜냐하
       면, 여래께서 말씀하신 모든 여래의 원만한 신체적 특징
       은 이미 눈에 보이는 그런 것이 아니기 때문입니다. 그러
       므로 단지 방편으로 화신인 부처의 80종호라는 신체적 특징을
       모두 갖췄다고 말한 것일 따름입니다.

세존   수보리야! 그렇다면, 화신인 부처의 32상이라는 형상을 모두
       갖췄다면 여래라고 해도 되겠느냐?

수보리 안 됩니다. 세존이시여! 부처의 형상을 모두 갖췄다고
       해도 법신인 여래라고 할 수는 없습니다. 왜냐하면 여래
       께서 말씀하신 모든 여래의 온전한 형상은 이미 눈에 보
       이는 그런 것이 아니기 때문입니다. 그러므로 단지 화신
       인 부처의 32상이라는 형상을 모두 갖췄다고 방편으로 말한
       것일 따름입니다.

須菩提야 於意云何오 佛을 可以具足色身으로 見不아.

不也니이다. 世尊하 如來를 不應以具足色身으로 見이니 何以
故오 如來 說具足色身은 即非具足色身일새 是名具足色身이니
이다.

須菩提야 於意云何오 如來를 可以具足諸相으로 見不아.

不也니이다 世尊하 如來를 不應以具足諸相으로 見이니 何以故
오 如來 說 諸相具足이 即非具足일새 是名 諸相具足이니이다.

삼색기三色旗
17세기에 지은 라다크왕조의 왕궁소포탈라궁인 남걀 체
모 곰파Namgyal Tsemo Gompa에서 바라본 도시 레의 때
깔이 땅색과 다르지 않다(인도 라다크 레)

39. 여래의 설법

세존　수보리야! 너는 '여래께서 '내가 아뇩다라삼먁삼보리법을 설한 적이 있다.'라고 하셨다라는 말은 절대로 해서는 안 된다. 그런 말은 하려고 엄두조차 내서도 안 된다. 왜냐하면 어떤 사람이 '여래께서 아뇩다라삼먁삼보리법을 설했다.'고 하는데, 이는 여래도 상을 가지고 있다는 식으로 부처를 비방하는 것이 되고, 결국 내 말 뜻을 전혀 이해하지 못한 것이 되기 때문이다.

수보리야! 어떤 사람이 여래께서 '아뇩다라삼먁삼보리법을 말씀하셨다.'고 한다면 말이다. 여래께서는 굳이 말해야 할 만한 법의 실상이 없음을 이미 알고 계시므로 방편으로 아뇩다라삼먁삼보리법을 설했다고 한 것일 따름임을 알아야 한다.

須菩提야 汝 勿謂如來 作是念하대 我當有所說法이라하라 莫
作是念이니 何以故오 若人이 言 如來有所說法이라면 即爲謗
佛이니 不能解我所說故니라.
須菩提아 說法者는 無法可說일새 是名說法이다.

옴아훔벤자구르뻬마시티훔
연화생이 암호랑이를 타고 도착한 곳에 지은 절벽 위의 절
이다. 이 절에 안 가면 부탄을 간 것이 아니라고 할 정도로
부탄의 대표적인 문화유적이다.(부탄 파로 탁상곰파)

40. 미래에 마음을 내는 중생

수보리 세존이시여! 미래 세상에서도 이 법을 듣고 믿음을 낼
만한 중생이 있겠습니까?

세존 그대가 말한 중생은 중생의 실상도 아니며, 그렇다고 중생이
아닌 것도 아니다. 그럼에도 불구하고 '중생 중생'이라 운
운하는 것 역시 여래께서 말씀하신 그 중생의 실상이 아니
라, 그 이름만 설법하기 위해 방편으로 중생이라고 붙인 것일
따름이기 때문이다.

爾時에 慧明須菩提 白佛言하사대 世尊하 頗有衆生이 於未來世에 聞說是法하고 生信心不잇가.

佛言하사대 須菩提야 彼非衆生이며 非不衆生이니 何以故오 須菩提야 衆生衆生者는 如來 說非衆生일새 是名衆生이다.

어떤 기다림 그토록 보고 싶었던 야크들이 이 맑은 호수에서 거꾸로
우리 관광객을 기다리고 있다.(티베트 남쵸호수)

41. 아상·인상·중생상·수자상 Ⅷ

수보리 그런데 부처님께서는 아뇩다라삼먁삼보리를 얻었다고 말
씀하신 적이 없지 않습니까?

세존 옳거니 옳다. 수보리야! 나는 아뇩다라삼먁삼보리나 다
른 몇몇 법을 얻었다고 말한 적이 없다. 그렇지만, 방편으
로 아뇩다라삼먁삼보리를 얻었다라고 그 이름만 붙인 것일
따름이다. 또 수보리야! 이 법은 평등하여 높낮음이 없어
서 아뇩다라삼먁삼보리라고 하는 것이다. 아상도 없고
인상·중생상 그리고 수자상을 가지지 않고, 이 최고로
좋은 법을 닦으면 즉시 아뇩다라삼먁삼보리를 얻게 된
다. 수보리야! 여기서 좋은 법이란 것은 이미 여래께서 말
씀하신 좋은 법의 실상이 아니라, 좋은 법이라 이름만 붙
인 것일 따름이다.

須菩提 白佛言하사대 世尊하 佛이 得阿耨多羅三藐三菩提는 爲無所得耶잇가.

佛言하사대 如是如是하니라. 須菩提야 我於阿耨多羅三藐三菩提에 乃至 無有少法可得일새 是名阿耨多羅三藐三菩提니라. 復次 須菩提야 是法이 平等하야 無有高下일새 是名 阿耨多羅三藐三菩提니 以無我無人無衆生無壽者로 修一切善法하면 卽得阿耨多羅三藐三菩提하나니라. 須菩提야 所言 善法者는 如來說 卽非善法일새 是名善法이다.

설산의 얼굴
히말라야 산봉우리들은 디지털 컬러사진으로 담아도,
컴퓨터 모니터로 열어 보면 흑백사진과 전혀 차이가
없다.(인도 발탈balta)

12. 수지독송의 복덕 IV

세존 수보리야! 어떤 사람이 삼천대천세계 가운데 있는 여러 수미산왕만큼 크고 높게 쌓을 수 있을 만큼의 칠보를 모아 보시했다면 말이다. 아무리 그렇게 많이 보시했더라도, 다른 어떤 사람이 이 금강반야바라밀경 전체 아니 사구게 몇 개만이라도 수지독송하고 남을 위해 전한다면 말이다. 앞의 칠보 보시의 복덕은 뒤의 가르침을 전한 것과 비교하면 백 아니 천조 분의 일에도 미치지 못한다. 나아가 그보다 큰 어떤 숫자로도 비교할 수 없을 정도로 작다.

須菩提야 若三千大千世界中에 所有諸須彌山王하야 如是等 七寶聚로 有人이 持用布施하야도 若人이 以此般若波羅蜜經에서 乃至 四句偈等을 受持讀誦하고 爲他人說하면 於前福德으론 百分에 不及一이며 百千萬億分과 乃至 算數比喩로 所不能及이다.

지상낙원샹그릴라

해발고도가 높은 곰파. 그 지붕에 올라선 외국인이 바라본
설산은 정말 그 '오래된 미래'일까?(인도 라다크 틱세이 곰파)

43. 아상·인상·중생상·수자상 IX

세존 수보리야! 그대들은 여래께서 스스로 중생을 제도했다
는 생각은 하지도 말아야 한다. 다시 말하지만, 수보리야!
그런 생각을 추호도 갖지 말아야 한다. 왜냐하면, 진실로
여래께서 제도해야 할 중생의 실상이 없기 때문이다. 그럼
에도 불구하고 여래께서 스스로 제도한 중생이 있다고
말했다면 이는 여래께서 아상·인상·중생상·수자상을
가지고 있다는 말이 된다. 수보리야! 여래께서 설사 아상
이 있다고 말씀하셨더라도, 이는 아상이 아니지만 아상
이라고 이름만 붙인 것일 따름이다. 그럼에도 불구하고 보통
사람범부들은 이를 이해하지 못하고, 여래께서도 아상을 가졌다
고 여기기도 한다. 또한, 수보리야! 여래께서 혹시 보통사
람이라고 말씀하셨다면, 이 역시 그 보통사람의 실상이
아니라 범부라고 그 이름만 붙인 것일 따름이다.

須菩提야 於意云何오 汝等은 勿爲如來作是念호대 我當度衆
生이라하라. 須菩提야 莫作是念이니 何以故오 實無有衆生을
如來度者니 若有衆生을 如來度者인댄 如來 卽有我人衆生壽
者니라. 須菩提야 如來 說有我者는 卽非有我언마는 而凡夫之
人이 以爲有我라하나니라. 須菩提야 凡夫者는 如來 說卽非凡
夫니라.

수미산왕
사찰 입구의 한 공간에 모인 라마승들이 일손을 멈추고 관광
객들이 앉아 있는 쪽 뒤의 티베트 고원을 바라보면서 환담을
나누고 있다.(티베트 라싸 데붕사원)

44. 여래의 겉모습과 실상 IV

세존   수보리야! 다시 물어보자. 32상으로 여래를 알아볼 수 있다고 생각하느냐?

수보리   그렇습니다. 32상으로도 여래를 알아볼 수 있습니다.

세존   그대 말대로 32상으로도 여래를 알아볼 수 있다면 전세계를 통일시키고 통치하는 이상적인 제왕^{전륜성왕}도 여래라고 할 수 있게 된다. 그래도 알아볼 수 있다고 할 수 있겠느냐?

수보리   아닙니다. 부처님 말씀의 뜻을 다시 헤아려 보건대, 32상만으로는 여래를 알아볼 수 없습니다.

바로 이때 세존께서 사구게를 말씀하셨다.

세존   겉모습이나 목소리로 부처를 알아볼 수 있다는 사람이 있다면 말이다. 이는 삿된 ^{거짓되고 잘못된} 도를 행하는 사람^{사이비}일 따름으로, 이런 사람은 여래께서 바로 옆에 있어도 전혀 여래를 알아보지 못할 것이다.

여래께서는 부처의 형상과 특징을 모두 갖췄기에 아뇩다라삼먁삼보리를 얻는 것이 아니다. 그러므로, 그런 생각은 하지도 말아야 한다.

須菩提야 於意云何오 可以三十二相으로 觀如來不아.

須菩提 言하사대 如是如是니다. 以三十二相으로 觀如來니이다.

佛言하사대 須菩提야 若以三十二相으로 觀如來者인댄 轉輪聖
王이 卽是如來니라.

須菩提 白佛言하사대 世尊하 如我解 佛所說義컨대 不應以
三十二相으로 觀如來니이다.

爾時에 世尊이 而說偈言하사대.

若以色見我하며 以音聲求我하면 是人行邪道라 不能見如來니라.

須菩提야 汝 若作是念하대 如來 不以具足相故로 得阿耨多羅
三藐三菩提아 須菩提야 莫作是念호대 如來 不以具足相故로
得阿耨多羅三藐三菩提라하라.

46. 모든 법이 다 끊어지고 없어졌다는 상

세존   아뇩다라삼먁삼보리를 얻고자 마음을 낸 이가 '모든 법
이 다 끊어지고 없어졌다!'라고 말할 것이라고 너는 생
각하느냐? 그런 생각은 하지도 말아야 한다. 왜냐하면,
아뇩다라삼먁삼보리의 마음을 낸 이는 이미 모든 법이 다
끊어지고 없어졌기에 그런 말을 하지도 않을 것이기 때
문이다. 그럼에도 불구하고 말했다면 다 알면서도 방편으로 이름만
붙인 것일 따름이다.

須菩提야 汝 若作是念호대 發阿耨多羅三藐三菩提心者는 說諸法斷滅가 莫作是念이니 何以故오. 發阿耨多羅三藐三菩提心者는 於法에 不說斷滅相하나니라.

변경辯經

그 옛날 매일 오후에 열리는 토론시간인 최라Chora에는 늘 오백
나한과 천이백 대중이 나타났을 것이다.(티베트 라싸 세라사원)

46. 갠지스강의 모래 V

세존 갠지스강을 채울 만큼의 모래와 같이 수많은 세계의 칠
보를 다 보시한 보살이 있다고 하자. 또 모든 법에 '나'라
는 것이 없는 것을 알아서 지혜의 정수忍를 이룬 보살이 아
닌 보통사람이 있다고 하자. 이 지혜의 정수를 이룬 사람이 앞
의 칠보를 보시한 보살보다 받을 복덕이 훨씬 더 많다. 왜냐
하면 어떤 보살도 실제로 있지도 않은 아니 관심도 없는 복덕을
받으려 하지도 않을 것이기 때문이다. 그럼에도 불구하고 보
살의 복덕 운운한 것은 중생을 위해서 방편으로 예를 들었을 따름이다.

수보리 왜 보살은 아무런 복덕도 받으려 하지 않습니까?

세존 보살들은 지은 복덕을 탐내거나 집착하지 않는다. 그러
므로 아무런 복덕도 받으려 하지 않는 것이다. 어떤 사람
이 '여래도 보통사람인 우리처럼 오고 가며, 앉기도 하고 누
워 자기도 한다.'고 인간으로 화한 세존의 일상에 대한 상을 가지
고 말한다고 하면 말이다. 이 사람은 내가 설법한 뜻을
전혀 알아듣지 못한 것이다. 왜냐하면, 여래께서는 어디
로부터 온 적도 없고 어디론가 간 적도 없다. 다만 방편으로
진리 그대로의 모습으로 우리에게 왔다는 의미로 여래라고 이름
만 붙인 것일 따름이기 때문이다.

須菩提야 若 菩薩이 以滿恒河沙等 世界七寶로 持用布施하야도 若復有人이 知一切法無我하야 得成於忍하면 此 菩薩이 勝前菩薩의 所得功德이니 須菩提야 以諸菩薩이 不受福德故니라.

須菩提 白佛言하사대 世尊하 云何菩薩이 不受福德이니고.

須菩提야 菩薩은 所作福德에 不應貪着일새 是故로 說 不受福德이다. 須菩提야 若有人이 言하대 如來 若來若去若坐若臥라 하면 是人은 不解我 所說義니 何以故오 如來者는 無所從來며 亦無所去일새 故名如來니라.

불국토

마을로 들어가는 스투파 1층 천장에 그려진 만다라이다. 사방에 그려진 불보살과 만다라 세계의 색채가 정말 생생하다. 우리는 저기 어디쯤에 살고 있는 것일까?(네팔 안나푸르나보호지구ACAP 마낭)

삼천대천세계의 티끌 Ⅲ: 일합상

세존 어떤 선한 남자와 선한 여인들이 삼천대천세계를 부수어
티끌을 만든다면 이 티끌들이 많다고 할 수 있겠느냐?

수보리 매우 많습니다. 왜냐하면 이 티끌들이 참으로 실상이 있는
것이라면 부처님께서는 이 티끌이라고 하시지도 않으셨
을 것이기 때문입니다. 그리고 부처님께서 말씀하신 티
끌들이란 이미 그 티끌의 실상이 아니므로 이름만 티끌이
라고 붙인 것일 따름입니다. 여래께서 말씀하신 삼천대천
세계도 곧 삼천대천세계의 실상이 아니므로, 이름만 삼천대천
세계라고 붙인 것일 따름입니다. 왜냐하면 삼천대천세계가
참으로 실상이 있는 것이라면 그것은 티끌들을 하나로 합한 한
덩어리가 된 것이기 때문입니다. 여래께서 말씀하신 한
덩어리라는 것도 이미 그 한 덩어리라는 실상이 있는 것이
아니라, 이름만 한 덩어리라고 붙인 것일 따름입니다.

세존 수보리야! 무엇이든지 한 덩어리로 뭉뚱그려 대충 쉽게 함부로
말할 수 있는 것이 아니다. 그럼에도 불구하고 보통사람
들은 탐내고 집착하는 것이 있기에 그렇게 한 덩어리로
뭉뚱그려 예를 들어 '거기 사람들은 다 그렇다' 등등 대충 편파적으
로 왜곡시켜 말하곤 한다.

須菩提야 若 善男子善女人이 以三千大千世界로 碎爲微塵하면 於意云何오. 是微塵衆이 寧爲多不아.

甚多니이다 世尊하. 何以故오 若是 微塵衆이 實有者인댄 佛이 則不說是微塵衆이시리이다. 所以者何오 佛說微塵衆이 卽非微塵衆일새 是名微塵衆이니이다. 世尊하 如來 所說三千大千世界 卽非世界일새 是名世界니이다. 何以故오 若世界 實有者인댄 卽是一合相이어니와 如來 說一合相은 卽非一合相일새 是名一合相이니이다.

須菩提야 一合相者는 卽是不可說이어늘 但凡夫之人이 貪着其事니라.

48. 아상·인상·중생상·수자상 X

세존   어떤 사람이 '부처님 말씀에도 아견아상으로 인한 견해·인견인상으로 인한 견해·중생견중생상으로 인한 견해·수자견수자상으로 인한 견해이 보이는 곳이 더러 있다.'라고 한다면 말이다. 이 사람은 내가 설법한 큰 뜻을 이해했다고 생각하느냐?

수보리   아닙니다. 이 사람은 여래께서 설법하신 그 큰 뜻을 제대로 이해하지 못했습니다. 왜냐하면, 세존의 설법 가운데 아견·인견·중생견·수자견이 보이는 부분은 이미 아견·인견·중생견·수자견의 실상이 없는 것을 알고 말씀하신 것입니다. 그렇기에, 이름만 아견·인견·중생견·수자견이라고 붙인 것일 따름입니다.

須菩提야 若人이 言하대 佛說 我見人見衆生見壽者見이라하면
須菩提야 於意云何오 是人이 解我所說義不아.

不也니이다. 世尊하. 是人은 不解如來所說義니 何以故오. 世尊
이 說 我見人見衆生見壽者見은 卽非 我見人見衆生見壽者見
일새 是名 我見人見衆生見壽者見이니이다.

49. 수지독송의 복덕 V

세존　아뇩다라삼먁삼보리의 마음을 낸 이는 모든 법에 대하여 이와 같이 알고, 보고, 믿고, 이해해야 하며, 절대로 법이라는 것이 있다는 상법상을 내서는 안 된다. 법이라는 것이 있다는 상 역시 여래께서 말씀하신 바로 그 법의 실상이 아니므로, 이름만 법상이라고 붙인 것일 따름이기 때문임을 알아야 할 것이다.

어떤 사람이 한량없이 많은 세계를 가득 채울 만큼의 칠보를 보시하더라도, 또 다른 어떤 선한 남자와 선한 여인들 가운데 상구보리·하화중생을 하겠다는 보살의 마음보리심을 낸 이가 이 가르침의 전부 아니 사구게만이라도 수지독송하고 도움이 필요한 남에게 전하면 그 복덕이 저 칠보를 보시한 복덕보다 훨씬 많다. 그럼 그 많은 가르침 가운데 무엇을 남을 위해 전해야 하는지 아느냐? 다름이 아니라 '그 어떤 상에도 마음을 두지 않으려는 바로 그 자리에서 늘 움직이지 않아야 한다.'는 말을 전해야 한다.

왜냐하면, 했다는 상이 있는 모든 법유위법은 결국 꿈·그림자·꼭두각시·거품이나 이슬·번개와 같이 허망한 것이기 때문이다. 그래서 늘 마음을 두지 말고 그 자리에 잘 있는지 살펴봐야 할 것이다.

須菩提야 發阿耨多羅三藐三菩提心者는 於一切法에 應如是
知하매 如是見하매 如是信解하야 不生法相이다. 須菩提야 所
言法相者는 如來說 卽非法相일새 是名法相이다.

須菩提야 若有人이 以滿無量阿僧祇世界 七寶로 持用布施하
야도 若有善男子善女人이 發菩薩心者 持於此經하되 乃至 四
句偈等하야 受持讀誦하고 爲人演說하면 其福이 勝彼하리라. 云
何爲人演說고 不取於相하야 如如不動이다.

何以故오 一切有爲法이 如夢幻泡影하며 如露亦如電이니 應作
如是觀이다.

해맑은 미소
지나가는 중생들을 반기시는 따라보살의 웃음이 해맑기
그지없다.(네팔 카트만두 옛 왕궁인 하누만도카 부근 따띠썸
부 사원UNESCO 세계문화유산)

50. 큰 환희심

이와 같이, 부처께서 금강경 법회를 마치셨다. 수보리 장로와 여러 사부대중, 즉 비구남성 출가승려 · 비구니여성 출가승려 · 우바새남성 재가 신도 · 우바이여성 재가신도와 모든 삼천대천세계의 하늘 사람과 세상 사람과 아수라들이 부처의 법문을 함께 듣고 모두 큰 환희심을 내며 믿고 받아들여 받들어 행하게 되었다.

佛說是經已하시니 長老 須菩提와 及諸比丘 比丘尼와 優婆色

優婆夷와 一切世間天人阿修羅 聞佛所說하옵고 皆大歡喜하야

信受奉行하니라.

히말라야의 헬리콥터
수억 년의 빙하가 쓸려 내려갔던 히말라야의 협곡 위를 관광객을 실은 헬리콥터가 날아오르고 있다. 마치 오락기에서 본 것 같은 협곡 사이로, 앞서 날아가고 있는 헬리콥터 아래로 베이스캠프에서 마차푸차레로 향하는 등산객들이 보여 대조적이다. (네팔 안나푸르나 베이스캠프)

받을까 말까

어느 전각에 그려진 보살의 미소 속에서 순례자들은 안식을 찾을 수
있다. 우리는 보살이 전하고자 하는 그 마음과 보리행을 받을 것인
가 결정해야 한다.(인도 라다크 쉐이 곰파)

다시 쓰는 금강경

여느 때와 같이 기원정사에서 1,255명이나 되는 대중들과 함께했던 일상의 '하루'였다. 사위성에 탁발하고 돌아와 식사 후 옷과 그릇을 정리했다. 손과 발을 씻고 자리를 펴고 가부좌를 틀고 앉아 선정으로 삼매에 든 후에 설법을 시작했다.

불보살이라면 모든 중생들의 집착과 고통을 없애고 모든 번뇌가 사라진 완전한 열반에 들게 해야 한다. 그런데 불보살이 한량없이 수많은 중생을 제도해 왔다고 생각했다면, 그건 아상·인상·중생상·수자상 등의 상이 생긴 것이다. 하지만 실제로는 열반에 든 중생은 한 명도 없다. 왜냐하면 상이 생겼다면 더 이상 보살도 아니며 보살이라고도 할 수 없기 때문이다. 소승불법을 좋아하는 이는 아상·인상·중생상·수자상의 견해에 집착하여, 이 가르침을 수지독송하지도 그리고 남에게 전하지도 않을 것이다. 그러니 중생을 구제할 수도 없다. 또한, 진실로 여래께서 제도해야 할 중생의 실상이 없기에 더욱 그러하다.

보살은 모든 상을 여의기에 '부처의 깨달음의 경지인 무상정등정각, 즉 위가 없는 바르고 원만한 깨달음을 얻는 법'인 아 녹다라삼먁삼보리를 구하는 마음을 내는 것이다. 색·성·향· 미·촉·법이라는 여섯 가지 먼지인 육진에 마음을 두어서는 안 된다. 잠시라도 마음을 두는 다른 곳이 생기면 바로 알아차 려서 그곳에 마음을 두지 않도록 애써야 한다. 그런 마음을 항 복시키고 다스리기 위해서, 보살은 딴 데 한 눈 팔지 말고, '늘 중생들을 위해 보시로 나아가려는 마음, 즉 보리심을 가지고 보리행을 해야 한다'는 여래의 바로 그 가르침만 마음을 두고 행하면 된다. 이와 같이, 보살이 되려는 사람이 상에 머물지 않 는 보시를 하면 그 복덕을 이루다 헤아릴 수 없을 정도로 많다.

따라서 부처의 서른두 가지 겉모습의 특징인 32길상으로 여 래를 알아볼 수는 없다. 32길상은 잠시 눈에 머물러서 생긴 것 으로 거울에 비친 잔상과 같은 것이며, 이것이 곧 부처의 실상 인 여래의 청정법신은 아니다. 실상처럼 보이는 모든 형상들 도 사실은 참된 실상이 아니라 모두 허망한 허상이다. 이러한 진리를 알게 되면 바로 지혜반야를 얻게 되고 그래야 비로소 여래를 알아볼 수 있게 된다. 그런데도 겉모습이나 목소리로 부처를 알아볼 수 있다는 사람이 있다면, 이는 삿된 도를 행하 는 사이비일 따름이다. 실제로 이런 사람은 여래께서 바로 옆 에 있어도 전혀 여래를 알아보지 못할 것이다. 여래께서는 부 처의 형상과 특징을 모두 갖췄기에 아녹다라삼먁삼보리를 얻는 것이 아니기 때문이다.

　그대들은 나의 설법을 뗏목의 비유 같이 여겨야 한다. 흐르는 물을 따라 양단의 기슭에 닿지 않고 깨달음의 바다로 잘 내려가는 뗏목과 같이, 공을 깨치기 위해서 중도를 행해야 한다. 법에 머물려는 상도 버려야 하거늘, 하물며 법도 아닌 곳에 마음을 두어서 생기는 상은 더 말해서 무엇하겠는가! 여래께서 얻은 아뇩다라삼먁삼보리는 바로 이 중도에 있기에, 실상도 아니지만 그렇다고 허상도 아니다. 그러므로 여래께서는 '이 모든 법이 다 부처의 큰 뜻대로 여법하게 된다.'고 한 것이다.

　법이라는 것이 바로 지금 만지거나 가질 수 있는 것도 아니며, 딱히 이것이라고 말할 수도 없으며, 바로 그때 그곳 그리고 그 맥락에서 말한 그 법이라고 할 수도 없다. 그렇다고 법이 아니라고도 할 수도 없다. 왜냐하면 그 성취가 각기 조금씩 다르지만, 모든 성현들이 했다는 행함이나 했다는 상이 없는 무위법을 닦았기 때문이다. 방금 말한 법이라고 한 것 역시 부처의 법의 실상이 아니다. 그럼에도 불구하고 다만 방편으로 잠시 이름만 법이라고 붙인 것일 따름이다. 여래가 말한 티끌이나 삼천대천세계나 모두 다 이와 같다.

　여래께서 돌아가신 후 오백년이 지난 뒤에라도 계율을 지키며 복덕을 닦는 이들은 이미 셀 수 없을 정도의 많은 수천만의 부처께 모든 선한 인연의 뿌리를 심은 사람들이다. 이런 착한 사람들은 이 가르침을 만나면 이 말씀을 아주 짧은 순간이라도 듣거나 만난다면, 한 생각으로라도 바로 깨끗한 믿음을 낼 것이다. 그리고 모든 법에 '나'라는 것이 없는 것을 알아서 지혜의 정수를 이룬 불보살이 되는 가장 최고의 방법으로 여길 것이다. 그들은 이 가르침 가운데 단지 '그 어떤 상에도 마음을 두지 않으려는 바로 그 자리에서 늘 움직이지 않아야 한다.'는 몇 구절이라도 수지독송하고 있다가 도움이 필요한 다른 사람을 위해 설법해야 한다. 왜냐하면, 했다는 상이 있는 모든 유위법은 결국 꿈·그림자·꼭두각시·거품이나 이슬·번개와 같이 허망한 것이기 때문이다. 그래서 늘 마음을 움직이지 않는 그 자리에 잘 있는지 살펴봐야 할 것이다.

이와 같이 금강경의 중요한 몇 구절이라도 남에게 설법을 한다면, 그 복덕이 갠지스강을 채울 만큼의 모래와 같이 수많은 세계의 칠보를 다 보시한 보살보다도, 한량없는 세월 동안 매일 목숨을 보시한 것보다도, 전생의 한량없는 시간동안 헤아릴 수 없이 많은 부처를 만나 공양드린 복덕보다도 더 낫다고 할 수 있다. 많다는 그 복덕 역시 원래 성질이 세속적인 것이 아닌 성스러운 것이지만, 중생들에게는 방편으로 그냥 복덕이 많다고 말한 것일 따름이다. 어떤 보살도 실제로 있지도 않은 아니 관심도 없는 복덕을 받으려 하지 않는다.

이 가르침은 그 어떤 큰 뜻이나 과보가 아무리 생각해도 상상할 수 없을 정도로 이루 다 헤아릴 수도 없이 많은 복덕이 있다. 여래께서는 상구보리 하화중생이라는 보살도의 대승불법의 최상승인 보리행을 위하여 이 가르침을 몇 번이나 거듭해서 말씀하셨다. 이 가르침이 전해지는 곳이면 그 어디라도 부처들을 모신 부도탑처럼, 모든 하늘사람·세상사람·아수라들이 꽃과 향을 뿌리며 공양을 올리고 모두가 공경히 합장하고 탑돌이를 할 것이다.

선한 사람들이 이 가르침을 수지독송했음에도 불구하고 지금 복을 받지 않고 오히려 남에게 무시와 천대를 받는다면 말이다. 이 사람은 전생에 지은 죄업으로 다음 생에 지옥 등의 악도에 떨어졌어야 했다. 그렇지만 이번 생에서 사람들에게 무시와 천대를 미리 받은 덕분에 전생의 죄업이 모두 소멸되어 분명 아뇩다라삼먁삼보리를 얻을 것이다.

어떤 사람이 '여래도 보통사람인 우리처럼 오고 가며, 앉기도 하고 누워 자기도 한다.'고 인간으로 화한 화신의 일상에 대한 전도된 상을 가지고 말한다면 말이다. 이 사람은 내가 설법한 뜻을 전혀 알아듣지 못한 것이다. 왜냐하면 여래께서는 어디로부터 온 적도 없고 어디론가 간 적도 없다. 다만 방편으로 진리 그대로의 모습으로 우리에게 왔다는 의미로 여래라고 이름만 붙인 것일 따름이기 때문이다.

수보리 네가 아라한의 도를 얻었다는 상을 가졌다면 이는 곧 아상·인상·중생상·수자상에 집착한 것이다. 그렇다면 아라한이 될 수도 없었고 아라한 가운데 제일이라고 하지도 않았을 것이다. 또한 묵언 등 고요한 가운데 공을 관찰하는 수행인 아란나행을 좋아하는 사람이라고도 하지 않았을 것이다. 네가 실제로 아란나행을 했다는 상이 없는 무위의 행을 닦았기에 네가 아란나행을 좋아한다고 이름이라도 붙이게 된 것이다.

내가 전생에 바라문 수행자였을 때 연등불을 뵈었던 적이 있었다. 꽃 다섯 송이를 사서 공양했고, 지나가시는 진흙탕 길에 발이 더럽혀질까 봐 머리카락을 펴서 연등불께서 밟고 건너시게 했다. 그때 연등불께서는 내가 91겁 뒤에 석가모니 부처가 되리라는 수기를 내리셨다. 그때도, 내가 법을 얻을 것이라는 기대 같은 그런 상은 가지지 않았다.

보살들께서 부처의 가르침을 만날 수 있는 세상인 이 불국토를 장엄했다. 그것은 눈에 보이는 그런 치장이 아니다. 따라서 그런 상을 내지 않았기에, 이름만 장엄이라고 붙인 것일 따름이다. 어떤 사람의 몸이 수미산왕만하다고 해도 그 몸은 눈에 보이는 형체와 생멸이 있는 그런 몸이 아니다. 그저 이름만 큰 몸이라고 붙인 것일 따름이다. 다른 모든 것도 이와 같다.

이 가르침은 금강반야바라밀경이라고 이름 붙일 수 있다. 방금 내가 말한 금강반야바라밀이라고 한 것 역시 이미 그 반야바라밀의 실상이 아니다.

전생에 인욕선인이었던 때에 가리왕이 내 몸을 갈기갈기 찢었던 적이 있었다. 그 처참했던 당시에 나는 아무런 상이 없었다. 왜냐하면 아상·인상·중생상·수자상 가운데 아무것이나 단 하나라도 있었다면 분명 화를 내며 억울해 했을 것이기 때문이다. 이와 같이 모든 상이 다 사라져야 이름이라도 부처라고 할 수 있다,

이 법은 평등하여 높낮음이 없어서 아뇩다라삼먁삼보리라고 하는 것이다. 상을 가지지 않고 이 법을 닦으면 즉시 아뇩다라삼먁삼보리를 얻게 된다. 여기서 좋은 법이란 것은 이미 여래께서 말씀하신 좋은 법의 실상이 아니라, 좋은 법이라 이름만 붙인 것일 따름이다. 또한 아뇩다라삼먁삼보리의 마음을 낸 이는 이미 모든 법이 다 끊어지고 없어졌기에 그런 말을 하지도 않을 것이다. 그럼에도 불구하고 말했다면 다 알면서도 방편으로 이름만 붙인 것일 따름이다.

불국토에 사는 한없이 많은 중생들의 모든 마음을 여래께서 다 안다고 할 수 있다. 왜냐하면 여래께서 말씀하신 모든 마음이란 이미 그 많은 모두의 마음의 실상이 아니라, 그 이름만 방편으로 마음이라고 붙인 것일 따름이라는 것을 몇 번이나 말했기 때문이다. 과거의 마음도, 현재의 마음도, 미래의 마음도 그 실상은 얻을 수 없는 것임을 알아야 한다.

무엇이든지 한 덩어리로 뭉뚱그려 대충 쉽게 함부로 말할수 있는 것이 없다. 그럼에도 불구하고 보통사람들은 탐내고 집착하는 것이 있기에 그렇게 한 덩어리로 뭉뚱그려, 예를 들어 '거기 사람들은 다 그렇다' 등등 대충 편파적으로 왜곡시켜 말하곤 한다.

아뇩다라삼먁삼보리의 마음을 낸 이는 이와 같이 알고, 보고, 믿고, 이해해야 하며, 절대로 법이라는 것이 있다는 이른바 법상도 가져서는 안 된다. 법 또한 여래께서 말씀하신 바로 그 법의 실상이 아니므로, 이름만 법이라고 붙인 것일 따름이기 때문임을 알아야 할 것이다.

이와 같이, 부처께서 금강경 법회를 마치셨다. 수보리를 비롯하여 모든 삼천대천세계의 하늘 사람과 세상사람과 아수라들이 부처의 법문을 함께 듣고 모두 큰 환희심을 내며 믿고 받아들여 받들어 행하게 되었다.

에필로그

김연주 말이라는 것은 신기하다. 사회에서 여러 사람들을 만나보
면 자신이 '이런 사람이다, 저런 사람이다' 등등 이러쿵저
러쿵 열심히 설명하는 이들이 있다. 이를 염두에 두고 같
이 지내다 보면 그가 정말로 그런 사람이기보다는, 그러고
싶은 사람에 더 가까울 때가 많다. 자신이 공평하다고 하
는 이는 팔을 안으로 굽힌 채 세상을 바라보고 있었고, 스
스로를 착하다고 한 사람은 자신이 착하기 위해 남을 괴롭
히고 있었다. 자신에 대해 말하는 것도 그러한데 남을 도
와주었다고 말하는 것은 얼마나 어려울까. 그래서 오른손
이 한 일을 왼손이 모르게 하라는 말이 있나 보다. 금강경
을 통해 오른손이 한 일을 오른손도 모르게 되면 더욱 좋
겠다.*

---

* 김연주(Kim YeonJoo, 金延柱): 연세대학교 문헌정보학과 출신으로 글과
웹툰, 게임을 취미로 작업하다가 스토리를 향한 자신의 운명을 깨닫고
미국으로 떠났다. 샌프란시스코에서 픽사와 디즈니, 헐리우드의 스토리
작법 노하우를 터득하고 돌아와 현재 게임 쿠키런의 데브시스터즈에서
스토리를 맡고있다. NGO 나마스떼코리아 청년이사로서 많은 사람들에
게 감동을 줄 스토리를 만들 수 있도록 여러 방면으로 공부하고 있다.

김은하 나마스떼코리아 회원들이 모인 금강차회(금강경 번역 모임)
에 참여하면서 부처의 말씀을 처음으로 진지하게 사유하
게 되었다. 앞으로 부처의 가르침을 더 깊이 깨닫고, 실천
하는 삶을 살고자 노력하는 중이다. 마음에 번뇌가 있을
때 만트라를 읊조리면 마음이 평온해지는 경험을 여러 번
했다. 수천 년 전 부처의 말씀인 금강경이 내 모든 죄업을
씻을 수 있는, 그래서 우주의 평화를 얻기 위해 나아갈 수
있는 큰 가르침이 되리라고 확신한다. 이와 같이 미래를
바꿀 수 있는 좋은 기회를 준 동기 하도겸 대표가 참으로
고맙다.[*]

오은정 보이차가 좋아서 차회에 빠지지 않고 참가했다. 강독이 끝
날 때까지도 아무것도 깨닫지 못한 것 같아서 안타까웠다.
공저자로 이름 넣기를 사양했으나, 모두들의 권유에 부득
이하게 공저자로 참가하게 되어 매우 부끄러울 따름이다.[**]

---

[*]   김은하(Kim Eunha, 金銀夏): 고려대학교 물리학과 졸업, 고려사이버대학
      에서 상담심리학을, 한양사이버대학에서 멀티미디어를 공부했다. KT에
      서 네트워크 엔지니어로 20년 근무, 2014년 명예퇴직 후 슬로바키아에
      서 3년, 인도 첸나이에서 3년 동안 살면서 다문화, 요가와 아유르베다와
      동양철학에 깊은 관심을 갖게 되었다. 현재 고인도나라 CEO로 나마스
      떼코리아 이사를 겸하고 있다.
[**] 오은정(Oh Eun Jung, 吳恩姃): 이화여자대학교 법학과를 졸업하고 현재

유영희 금강경은 사람으로 태어나 어떻게 살까에 대한 부처 말씀인 것 같다. 삶에서 원하는 것이 무엇이냐고 물으면, 많은 이들이 행복해지는 거라고 말한다. 그렇다면, 사람들을 행복하게 하는 것은 무엇일까. 많은 이들이 부귀영화를 얻었어도 여전히 그 무엇인가를 갈망한다. 무엇일까, 채워지지 않는 그것은? 혹은, 왜 채워지지 않는 무엇이 있어서 그것을 갈망한다고 생각하는 걸까? 이 금강경은 그 답을 찾아가는 데 중요한 나침반이 될 것으로 기대한다.***

이승만 어머니께서 불자니 모태신앙이라고도 할 수 있지만, 사실은 모양만 불자이다. 절에 가는 건 좋아하지만, 법당보다는 요사채 골방에서 홀로 있기를 더 좋아한다. 또, 설법을 듣기보다는 절밥에 더 관심을 가졌던 것 같다. 그런 내가 부지불식간에 친구 덕에 자연스레 금강경이라는 부처 말씀을 공부하는 자리에 참석하게 되었다. 읽지도 못하는 산

모교인 이화여자대학교에서 교직원으로 일하면서 새로 대학원에 진학하여 인생 이모작을 가꾸고 있다. 나마스떼코리아 청년이사를 겸하고 있다.

*** 유영희(Yoo Young Hee, 兪英姬): 미국 미시간대에서 가족치료와 청소년복지를 공부했다. 미국의 기업 MagellanFederal에서 한국에 파견되었다. 현재 Camp Humpheys 청소년 상담프로그램의 팀장MagellanFederal Supervisor으로 재직중이며 나마스떼코리아의 감사로 활동하고 있다.

스크리트어나 어려운 한문이 아닌 쉬운 우리말로 술술 풀어서 듣다 보니 좋았다. 하지만, 내용이 낯설어서 머리로는 좀 알아들어도 가슴으로는 잘 받아들여지지 않았다. 반복하다 보니 좀 더 알 것 같지만, 또 하나의 상을 가지는 것은 아닐지 한편으로는 두렵기도 하다. 여하튼 수지독송할 수 있는 기회를 준 도반들에게 감사드린다.[*]

이외련 처음에 하도겸 박사로부터 금강경 모임에 함께하자는 이야기를 듣고 '난 불교신자도 아닌데…' 하는 생각으로 주저했었다. 거듭되는 권유에 호기심이 생기던 중 '신자가 아닌 일반독자의 입장에서 질문을 해주는 사람이 필요하다'는 말에 용기를 내어 참여하게 되었다. 모임에 참여를 하다 보니 어린 시절 주말 아침 선친이 틀어 놓으신 금강경, 반야심경 테이프 소리가 생각이 났다. 그때는 단잠을 깨우는 그 소리가 싫었었는데… 그러던 내가 금강경 모임에 참여하게 되다니 인연이란 참 오묘하다는 생각이 든다. 이제 좋은 친구 덕분에 인연이 되어 금강경을 알게 되었으니 그 말씀을

---

[*] 이승만(Lee SeungMahn, 李勝萬): 고려대학교 금속공학과 졸업, University of Florida Ph.D를 받고 2003년 귀국하여, 현재까지 삼성전자 파운드리 사업부에서 부장으로 근무 중이다. 보이차의 세계를 배우며, 금강경에서 부처의 말씀과 뜻을 되뇌이며 내면을 닦고 있다.

주변에 널리 알리고 실천하며 살아가려 노력해야겠다.**

이한세 천주교 신자로 매주 성당에 빠지지 않고 다니다, 우연한
기회에 불교의 금강경을 공부하게 되었다. 하도겸 박사가
저술한 금강경 책에 공동저자로 이름이 올라가는 것은 당
치않다. 그저 그가 주관하는 금강경 공부반에 도반으로 참
여하여 열심히 배우고 의견을 나누었을 따름이다. 영화에
서 악인의 역할이 선인을 돋보이게 하기 위함이고, 조연배
우는 주연배우를 빛나게 하는 역할이 있듯 금강경이라는
영화를 위한 아주 보잘것없는 조연을 한 것일 따름이다.
영화의 막이 내리고 엔딩 크레딧 마지막에 언뜻 비치는 이
름이다. 금강경 공부반에 도반으로 참여한 것이 금강경 책
자를 내게 되는 자그마한 동기가 되었다면 그것이 나의 역
할이다. 남은 것이 있다면 출판 후 계속 금강경을 읽고 전
파하는 것이리라.***

**   이외련(Lee OeRyun, 李外蓮): 고려대학교 식품공학과를 졸업하였
다. 신세계백화점 아카데미에서 천연비누, 화장품, 캔들 강좌 강사
(2004~2018)로 활동하였다. 마인드스포츠인 브리지를 사랑하는 한국
브리지협회 회원이다. (사)전국독서새물결모임의 연구원으로 활동하는
독서토론. 논술지도사로 학생들에게 책읽기의 즐거움과 중요성을 알리
고 있다. NGO 나마스떼코리아 예비 이사이다.

*** 이한세(Lee HanSe, 李翰世): 고려대 농학과 재학 중 1987년 호주로 유학

정호선 금강경을 읽은 시간은 석가모니 부처가 있는 영산회상에 같이 있는 듯 언제나 밝음과 떨림이 가득한 시간이었다. 그리고 부처가 수보리에게 한 번 말하고 답한 것으로 끝나는 것이 아니라 두고두고 반복해서 수보리에게 다시 묻고 답하게 하면서 가르치셨다는 것을 알 수 있었다. 그 과정에서 수보리가 조금씩 바뀌어 가며, 그의 가슴에 좀 더 선명하게 가르침이 깊이 되새겨져 가는 것을 보게 되었다. 그렇게 동화되어 가기를 바랄 따름이다.[*]

하도겸 이 책의 저자 가운데 이름을 안 올렸지만 고생한 한 분이 더 있다. 황승흠 국민대 법대 교수나마스떼코리아 이사장께 지면

을 떠났다. 서호주대학The University Of Western Australia에서 작물육종 분야 농학박사 학위를 취득했다. 주한호주대사관에서 농식품 분야 상무관 역임 후 가톨릭대학교에서 현장교수를 역임한 바 있다. 현재는 마켓 리서치회사Spire R&C 한국지사장, 대한노인회 산하 초고령미래사회연구원 경제·일자리 위원회 위원장, 중앙일보 칼럼니스트로 활동 중이다.

[*] 정호선(Jeong HoSeon, 鄭琥譱): 홍익대학교 건축학과 출신으로 한국 전통 공간을 이해하고 현대 건축으로 번안해 보고 싶어서 대학원에서 건축역사이론을 전공했으나 석사 취득 후 동아건설에서 사업관리 실무를 했다. 금성건축에서 문화재건축 설계와 감리, 실측보고서 제작을 하기도 하는 등 다양한 건축 분야를 섭렵했다. 현재는 지유명차 성북점에서 차를 우리면서 나마스떼코리아의 이사 겸 사무국장(자원봉사)으로 봉사활동을 돕고 있다.

을 통해서 깊은 감사를 전하고 싶다. 아울러 법공양을 해 주신 공덕주 모두에게도 부처의 가피가 함께하기를 기원한다.**

∽ 공덕주 ∽

김동연 故김현구 안인숙 이서환 / 김연주 故권태순 김창헌 주경신 / 김은하 故박성실 故전정순 故김제곤 故김정흠 / 김지연 故이은이 / 유영희 故유재식 故송재희 故유병도 유병로 백춘희 문규항 유병열 박재숙 문채정 유희재 / 류황림 / 오은정 / 윤상철 / 이경효 손유순 / 이승만 故이석태 김소야 이석주 / 이외련 故이희수 故이선우 김용선 / 이한세 / 정문헌 / 정호선 故정재훈 故방화자 박정훈 김정은 / 차윤해 故차창남 이영자 차비주 차정호 차은숙

** 하도겸(Ha DoGyeom, 河度慊): 고려대학교 사학과 학사·석사·박사로 현재 시사위크 논설위원·나마스떼코리아 대표·동방불교대학 불교학과 특임교수로 활동중이다. NGO 자원봉사자들이 운영하는 '지유명차 성북점'에서 보이차를 우리며, 꿈명상 등을 이야기한다. 저서로는 『지금 봐야 할 우리 고대사 삼국유사전-신화를 어떻게 볼 것인가』, 『다시 돌아가 만나기가 어렵다 좋은 생각 좋은 말 좋은 행동을 이끄는 입보리행론』 등이 있다. '올해의 재가불자상', '여성가족부장관상' 등을 수상한 바 있다.

나마스떼코리아

나마스떼는 "내 안의 신이 당신의 신에게 존경을 표한다"는 뜻이다. 외교부 등록 비영리사단법인 나마스떼코리아는 한국과 네팔, 인도, 티베트 등 히말라야문화권의 교류를 증진하는 사업을 통해 생각의 폭을 넓히며 인류 공통의 가치를 찾고 있다.

2007년부터 히말라야문화권(특히 네팔) 조사연구, 교육훈련, 국제교류 및 협력, 봉사, 긴급구호 등과 함께 국내 다문화 인식개선 교육사업, 우리통일 문화교육, 역사 바로 알리기 모임을 비롯한 제반 활동을 수행하고 있다. 주요성과로는 '네팔학교', '책을 품은 신문', '드림센터' 등이 있다.

나마스떼코리아 부설 히말라야문화연구소 학술총서 제5호로 간행되는 이 책의 인세는 전액 NGO 나마스떼코리아에 기부되어 네팔 안나푸르나 산골 오지마을 어린이들의 꿈과 희망을 실현하는 데 사용된다.

술술 읽으며 깨쳐 가는 금강경

초판 1쇄 인쇄 2021년 4월 20일 | 초판 1쇄 발행 2021년 4월 28일
글쓴이 하도겸 정호선 이한세 이외련 이승만 유영희 오은정 김은하 김연주
감수 상진 스님 | 사진 하도겸 | 펴낸이 김시열
펴낸곳 도서출판 운주사

(02832) 서울시 성북구 동소문로 67-1 성심빌딩 3층

전화 (02) 926-8361 | 팩스 0505-115-8361

ISBN 978-89-5746-648-3 03220   값 16,000원

http://cafe.daum.net/unjubooks 〈다음카페: 도서출판 운주사〉